国語授業の改革11

新学習指導要領
新しい教科書の新しい教材を生かして
思考力・判断力・表現力を身につけさせる

科学的『読み』の授業研究会 編

学文社

はじめに

新学習指導要領にもとづく新しい小学校国語教科書がこの四月から使われ始めています。来年四月からは新しい中学校国語教科書が使われ始めます。今回の学習指導要領改訂は、ＯＥＣＤのＰＩＳＡ（生徒の学習到達度調査）を強く意識して行われました。「思考力、判断力、表現力」の重視もその一つです。新しい国語教科書にもそれらの要素が、様々なレベルで反映されています。

説明的文章教材も物語・小説教材も、新しいものが数多く掲載されています。図表や写真等を重視した教材、仮説的な見方を含んだ論説文教材も出てきました。新聞教材や古典教材もより本格的な位置づけとなりました。

新学習指導要領「国語」では、教科内容がより具体的になり、同時に「系統性」が重視されています。評価力・批評力も重視されています。それらに関わって新教科書の学習の手引き頁が大きく変わりました。文章や作品の構成・構造に関する手引き、仕掛けやレトリックに関する手引き、論理関係や柱の段落・文に関する手引き等が増えています。「あなた自身はどう考えるか」など吟味・評価・批判に関する手引きも多く見られます。

大きな変化が見られる新教科書・新教材ですが、先行実践も先行研究もほとんどありません。今必要とされるのは「どうすれば新教科書を生かして思考力・判断力・表現力を身につけさせることができるか」の提案です。

第Ⅰ章では、菅原稔先生と阿部昇の新教科書に関する論考を位置づけました。その上で、新教材でそれぞれ身につけさせるべき国語の力、教材研究、指導過程、授業展開例を提示しました。第Ⅱ章では、古典と新聞の授業入門を特集しました。第Ⅲ章では、物語新教材の授業記録を載せ多面的な検討を行いました。第Ⅳ章では、気鋭の研究者の方々に新国語教科書について論じていただいています。

『国語授業の改革』には、その名のとおり国語の授業を改革するための切り口がたくさんあります。多くの先生方、研究者の方々に読んでいただき、ご意見・ご批判をいただきたいと思います。

二〇一一年八月

読み研代表　阿部　昇（秋田大学）

目次

【問題提起】

1　新国語教科書の新教材で思考力・判断力・表現力は身につくか
――二三年版小学校・二四年版中学校国語教科書の新教材と手引きを検討する

阿部　昇（秋田大学）

新学習指導要領の「総則」には「思考力・判断力・表現力」を育むべきことが示された。[1] 私は、その中で「判断力」が前面に出たことの意味が特に大きいと考える。戦後の学習指導要領に「判断」「判断力」といった記述が全くなかったわけではないが、これほど明確に「判断力」が前面に出たのは久しぶりである。これが学習指導要領「国語」の「自分の考えを明確にしながら読」む（小6）、「評価しながら読む」「批評」（中3）などにつながる。

また、今回の学習指導要領では、教科内容がより明確になった。系統性も意識されている。たとえば物語・小説の「登場人物」に関する記述の増加、「構成」「展開」に関する記述の増加、表現技法をはじめとする作品・文章の仕掛けの重視、また図表等「非連続型」といわれる要素の重視などが見られる。

それらのことを意識しながら、新教科書の「読むこと」の単元について新教材・新手引きを検討していく。[2]

1　新国語教科書の新教材と新手引きを検討する――説明的文章教材

(1)　文章の構成・構造の系統性

新教科書では、説明的文章の構成・構造に関する「系統性」を意識した教材作成・配列が行われている。これは二三年度以前にもその方向性は見られたのだが、今回新たな教材を位置づけることで、それが一層徹底された。光村図書では、そのスタートは小1「くちばし」[3]である。「さきがするどくとがったくちばしです。／これは、なんのくちばしでしょう。」という「問い」と「これは、きつつきのくちばしです。」という「答え」から始まる。それが三回繰り返される。前文も後文もない。「問い」と「答え」のセットが三回繰り返される「本文」だけの説明文である。これに類する教材に東京書籍の「どうやってみをまもるのかな」などがある。[4]

同じ小1の「みいつけた」では、文章全体にかかる「問い」つまり問題提示が初めて出てくる。「わたしたちのまわりには、ちいさないきものがいます。／どうしたら、みつけることができるでしょう。」これが「前文」にあたる。それを受けて「だんごむし」「せみ」「ばった」について、その見つけ方を説明している。「前文」と「本文」からなる二部構成である。[5]

小1後半になると「じどう車くらべ」が出てくる。これは「みいつけた」と同じ「前文」「本文」の二部構成であるが、今度は「それぞれのじどう車は、どんなしごとをしていますか。そのために、どんなつくりになっていますか。」と、問題提示に「しごと」「つくり」という二要素が含まれ難易度が上がる。それを受け「バスやじょうよう車」の「しごと」と「つくり」を説明する。次いで「トラック」「クレーン車」と続く。[6]

小1の最後には「どうぶつの赤ちゃん」が出てくる。これも「みいつけた」「じどう車くらべ」と同じ「前文」「本文」の二部構成である。「どうぶつの赤ちゃんは、生まれたばかりのときは、どんなようすをしているのでしょう。／そして、どのようにして大きくなっていくのでしょう。」と、ここでも「ようす」「どのようにして、大きくなっていく」かという二要素が問題提示に含まれる。それを受けライオンとシマウマの赤ちゃんの様子が説明される。これまでの教材では様々な「いきもの」「じどう車」が列挙的に示されていたが、ここで初めてライオンとシマウマの赤ちゃんの様子が対比的に示される。[7]

そして、小2「おにごっこ」で「前文」「本文」「後文」がそろった三部構成の文章が登場する。「どんなあそび方があるのでしょう。なぜ、そのようなあそび方をするのでしょう。」と、二つの要素を含む問題提示から始まる。そして、三種類のおにごっこが紹介される。その際に、なぜそういうあそび方をするのかも説明される。そして、最後の段落で「このように、おにごっこには、さ[8]

まざまなあそび方があり」、「みんなが楽しめるようにくふうされてきた」とまとめる。(東京書籍では、小1で前文・本文・後文の構成をもつ教材「いろいろなふね[9]」を提示している。)

これらを通じて、文章の「かたまり」、「問い」と「答え」、「前文」の「問い」(問題提示)、「本文1」「本文2」……等の相互関係(列挙型か対比型か等)、「後文」の役割など様々な教科内容を学ばせ身につけさせることが可能となる。そのためには、教師が系統性を強く意識し、それ以前に学んだことを振り返り、その学びを生かしつつ、新たな学びを展開していくという指導構想をもつ必要がある。それができれば子どもたちの言語力は確実に伸びていく。

(2) 新教材における「論説文」

説明的文章は、すでに解明されていることがらをまだ知らない人たちに向けて説き明かす「説明文」と、まだ定説がないことがらについて仮説を提出し論証する「論説文」とに大きく分けられる。これまで小中の国語教科書は「説明文」ばかりで「論説文」がほとんどなかった。それが新教科書ではかなり見られるようになった。

小5の「生き物は円柱形[10]」はその題名のとおり生き物には「円柱形」という共通性があるという仮説的見方を示し、それを具体例を挙げながら論証しようとしている。小6の「『鳥獣戯画』を読む[11]」も論説文と言える。「鳥獣戯画」の解釈については様々な仮説が並立する状態だが、描かれている「蛙と兎は仲良しで、この相撲も対立や真剣勝負を描いているのではなく、蛙のずるをふくめ、あくまでも和気あいあいとした遊び」と仮説的見方を示している。同じ小6では、一つの題材についての四通の投書を示した「新聞の投書を読み比べよう[12]」という単元がある。高校野球の投手交代をめぐって賛否を述べた投書が示され、その書かれ方の違いを比較させる。

中学では、一八年度版を一部リライトした2年の「モアイは語る[13]」が論説文と言える。「モアイを作った文明」が消滅した理由について仮説を提示し論証している。同時に二〇三〇年に地球人口が八〇億を超えるという予測を前提に「食料生産に関しての革命的な技術革新がないかぎり、地球の人口が八十億を超えたとき、食糧不足や資源の不足が恒常化する危険は大きい」と仮説的見方を示す。同じ中2の「君は『最後の晩餐』を知っているか[14]」では、遠近法の消失点がキリストの額にあることを指摘し、それがこの絵の主人公がキリストであると思わせる効果があると述べる。これも仮説的見方である。中3の「月の起源を探る[15]」は説明文だが、月の起源に関する三つの仮説とそれぞれの矛盾点、そして現在最有力とされている「巨大衝突説」の可能性の高さを論証の試みとともに示している。論説的要素を含む説明文である。

また、中3では、同じ題材に関する二社の新聞の社説を取り上げた単元もある[16]。二つの社説を比較し構成や展開、表現の仕方の違いを考えるというものである。

論説文が位置づけられたことで、より高度な言語力が身につき、思考力形成につながる。特にそれらを吟味・検討する中で高い「判断力」が身についてくる。

(3) 説明的文章にかかわる教科内容の具体化

右記(1)の系統性とも関連するが、説明的文章教材を通して学ばせるべき教科内容がこれまで以上に具体的に手引きの頁に示されている。

小3「すがたをかえる大豆[17]」では、「せつめいの中心になる文」つまり「柱の文」「キーセンテンス」への着目を促す。同じ小3の「かるた[18]」では、同様に「中心になる文」を取り上げつつ、それを手がかりに「小見出し」付けをさせている。4年では「動いて、考えて、また動く[19]」で、段落相互の関係の意識化を促している。「解説」「理由」といった関係性である。5年「動物の体と気候[20]」では、「理由や説明」「具体例」などの段落の役割の意識化を促している。

構造・構成、柱の文、段落相互の関係等に関する教科内容は、学年が進む中で繰り返されながら発展していくかたちになっている。小5・小6になると、「読者を説得」するための理由の見つけ方、「構成や表現」の「工夫」など、説明的文章としての工夫・仕掛けの対象化という方向に発展してくる。(「生き物は円柱形」「森林のおくりもの[21]」、「生き物はつながりの中に[22]」、「未来に生かす自然のエネルギー[23]」等)

また、新教材では図表や写真・絵画が今まで以上に大きな位置を与えられている。教材によっては、図表等のもつ意味を学ばせるために設定されたと思われるものもある。小5の「天気を予想する[24]」では、表・写真・図・

グラフが特に大きな位置を占め、手引きでもその効果を問う。中1の「シカの『落ち穂拾い』」[25]、(2)で紹介した「月の起源を探る」でも、図表、写真が大きな位置を占める。(2)で述べた「『鳥獣戯画』を読む」「君は『最後の晩餐』を知っているか」も、絵画を読み解くという点でこの流れの一つと言っていい。

右記(2)の「論説文」の出現ともかかわるが、文章を吟味（評価・批判）させることを重視する手引きも増えた。小5の「生き物は円柱形」では、文章を読んでどう感じたかを、「そのとおりだ。／そうかもしれない。―共感・納得」「少し分かりにくいな―疑問」から選択し、文章に書くという手引きが設定されている。小6の「生き物はつながりの中に」では、「書かれている内容や筆者の考えについて、あなた自身はどう考えるだろうか。」と問い、「実感としてよく理解できるし、共感できる。」「理解はできるが、それほど共感できない。」「十分に理解できない部分もあるが、共感はできる。」という選択肢を提示している。同じ小6の「イースター島にはなぜ森林がないのか」[26]では、「筆者の主張について、どう思うか。」という手引きが新たに位置付いた。

右の(2)で紹介した小6の投書の読み比べ単元でも、「自分が納得するものを選ぼう」という手引きが位置付いている。同じく(2)で紹介した中3の社説の比較では、「書くこと」の学習として、社説の主張に賛成か反対かを判断し、その根拠を示す文章を書く学習過程が設定されている。

国語科で身につけさせるべき教科内容を学習の手引き等に明示しているという点では、今回の教科書は確かに前進したと言える。その意味で「思考力」「判断力」「表現力」育成につながるものになっている。

2　新国語教科書の新教材と新手引きを検討する
―物語・小説教材

(1)　物語・小説の新教材の特徴

物語・小説でも注目すべき新教材が登場した。

小2では「わたしはおねえさん」[27]という書き下ろし教材が位置付いた。これは、小2のすみれちゃんと二歳になる妹のかりんちゃんの物語である。作品構成（導入・展開・山場）、クライマックスの描き方、事件展開の仕掛け、レトリック、テーマ、いずれも典型性の高い優れたものである。小5「あめ玉」[28]は、あめ玉をめぐるさむらいと母子との物語だが、これも導入・展開・山場、そして山場のクライマックスがわかりやく描かれている。また、同じく小5の「世界でいちばんやかましい音」[29]は、導入・展開・山場・終結という四部構成、そして山場にあるクライマックスがわかりやすく仕掛けられている。これらは作品構造・構成を学ぶ教材として優れている。

また、中1の「アイスプラネット」[30]も書き下ろし教材である。これは、「僕」と叔父の「ぐうちゃん」との物語である。「僕」のぐうちゃんに対する見方の変化がプロットになっている。導入・展開・山場の構成をもち、クライマックスが二枚の写真にかかわるものとなっている。そして、その二枚の写真が実際に提示されている。新しい形のクライマックスと言える。伏線とその謎解きという典型的な小説の構造ももっている。テーマも中学生にふさわしいものと言える。いずれも作品としても教材としても評価できる。

(2) 物語・小説にかかわる教科内容の具体化

物語・小説も、その教材を通して学ばせるべき教科内容がこれまで以上に具体的に手引き頁に示されている。

小3の「ちいちゃんのかげおくり」[31]では、作品の終結部である「第五場面があるのとないのとでは、どうちがうでしょうか。」と問うている。物語における終結部のもつ意味を学ばせるものである。小5の「大造じいさんとがん」[32]では、「『大造じいさん』の『残雪』に対する見方が、大きく変わった場面はどこだろう。理由とともに出し合って、考えよう。」と、この作品のクライマックスに着目させる問いかけが設定されている。(1)で紹介した小5の「世界でいちばんやかましい音」では、作品を四部構成でとらえさせる手引きが設定されている。同じく小5の「注文の多い料理店」[33]では、「風がどうとふいてきて、草はザワザワ～」が二カ所で使われていることの意味を問うている。これも作品構造・構成の仕掛けへの着目である。中1の「少年の日の思い出」[34]でも、「僕」が最後に蝶を「一つ一つ」「粉々に押しつぶす」クライマックスに着目させ「その行動は『僕』にとってどんな意味をもっていたの」かを問う。

物語・小説の導入部の人物設定等に着目させる手引きも増えている。小4の「一つの花」、中2の「走れメロス」をはじめ、かなり多くの作品でそこに立ち止まることをさせている。

小4の「ごんぎつね[35]」では、「『ごん』と『兵十』の関係は、どのように変化したか。」と、主要な人物相互の関係性に着目する手引きがある。事件展開の重要な仕掛けを読むことを促している。展開部以降の人物像の変化に着目させる手引きも多い。また、「大造じいさんとがん[36]」では、「秋の日が、美しくかがやいていました。」等の情景描写のもつ象徴的な意味を問うている。高学年で是非着目させたい物語の重要な仕掛けである。中3の「故郷[37]」でも、「鉛色の空」などの情景描写に着目させる説明がある。

小6の「カレーライス[38]」では象徴的表現に着目させる手引きがある。「物語の最後に、『ぼくたちの特製カレーは、ぴりっとからくて、でも、ほんのりあまかった。』とある。この表現には、どんな意味がこめられているだろうか。」である。カレーの甘・辛が、「ぼく」と「おとうさん」の関係性を象徴している。題名のもつ意味に着目させる手引きもある。同じ小6の「やまなし[39]」では、二つの場面が対等に扱われているのに「『十二月』にだけ出てくる『やまなし』を題名としているのは」なぜかを問うている。小4の「一つの花[40]」では、ストレートに「なぜ『一つの花』という題名がついているのでしょう。」と問うている。小6「海のいのち[41]」の題名について考えさせる手引きもある。いずれも題名を含め形象の象徴性に着目させる手引きである。

そして、作品を吟味・批評させる手引きが今回明確に位置づけられた。小4「ごんぎつね[42]」では「『ごん』のつぐないの気持ちは、『兵十』に届いたのだろうか。」という問いかけがある。キャラクターの吹き出しでは「『ごん』をうつなんて、『兵十』はひどい」「わたしは、二人の心が通い合ったとは思いません。」などを提示している。別の手引きでは「『六』の場面を、ごんの立場から書きかえましょう。」という問いもある[43]。

中1の「少年の日の思い出[44]」では「『僕』のものの見方や考え方について、共感するところや疑問に思うところを話し合ってみよう。」という手引きがある。さらに、ここではこのプロットを「エーミール」の側から「書き換える」学習も設定している。これも重要な吟味・批評の手法である。中2の「走れメロス[45]」では、「『メロス』の行動や考え方について、共感できたところや、できなかったところを、その理由も考えながら話し合ってみよう。」という手引きが設定されている。これだけ、明確に吟味・批評に関する手引きが多くの教材で設定されたことはこれまでなかった。高く評価できる。

3 新国語教科書の新教材と新手引きの課題

新教科書には大きな前進があったと言える。しかし、いくつかの課題も残る。

説明的文章の教材配列、手引き設定の系統性に比べると、物語・小説のそれらはまだ改善の余地がある。これはどの会社の小学校教科書にも共通する点である。

物語・小説の「読むこと」に関する教科内容の体系・系統が未完成であることがより大きな要因と言えそうである。それを早急に解明し、より質の高い教材開発、教材配列、手引き設定をめざすべきである。

また、物語・小説に関する構造・構成、形象・レトリック、批評・吟味、いずれについても系統性以前に欠落している要素が少なくない。たとえば、作品構造上のクライマックスのもつ性質、導入部分の設定の意味、事件展開の伏線・暗示のあり方、様々なレトリックの効果など、まだまだ教科内容として明確に位置づけるべきものは多い。

説明的文章については、一定の系統化に成功しているものの、欠落している要素もある。たとえば、もっと筆者の表現上の工夫に着目することはできるはずである。また、「判断力」に関わる手引きが増えたが、文章を主体的に吟味（評価・批判）する手引きをもっと多く多様に設定していくことは可能なはずである。

（1）文部科学省『小学校学習指導要領』『中学校学習指導要領』二〇〇八年告示

（2）本稿では、小学校は比較的採択数の多い光村図書と東京書籍の教科書を取り上げた。いずれも平成二三（二〇一一）年版である。中学校は現在入手できている光村図書の教科書を取り上げた。こちらは平成二四（二〇一二）年版である。

（3）（5）～（8）（10）（11）（13）～（19）（22）（24）（25）（27）（28）（30）～（32）（34）～（40）（42）（44）（45）は、光村図書の小学校および中学校教科書。

（4）（9）（12）（20）（21）（23）（26）（29）（33）（41）（43）は、東京書籍の小学校教科書。

【問題提起】

2　新学習指導要領・新教科書の新教材を検討する
――新しい説明文教材の新しい授業を拓く二教材構成

菅原　稔（岡山大学）

1

かつて、文学教材の学習指導が大きな話題になり、その本質や意義、理念、学習指導の方法等が盛んに論じられた時期があった。そこで大きく取り上げられたのは、「問題意識喚起の文学教育」「状況認識の文学教育」「関係認識・変革の文学教育」等々の論であり、文字通り百花繚乱の観を呈する盛況ぶりであった。

今では、そのころに話題になった様々な考え方を一つの論として耳にすることはほとんどなくなった。しかし、文学教材の指導のあり方が問題になるとき、現在もなお、当時の考え方が新鮮なものとして語られることがある。かつての文学教材の指導論は、今も、決して古くなってはいないのである。

ひるがえって、説明文教材の学習指導は、どうであろうか。いくつかの提言や意見はあったものの、ようやく最近になって、「筆者と出会う説明文の指導」「筆者を読む説明文の指導」「筆者の工夫を評価する説明文の指導―評価読み―」等の論が広く受け入れられ一般化されてきた。

それは、説明文教材の指導が、「段落・構成・要点・要旨・指示語……」だけを問う、画一的で無味乾燥なあり方から脱したことを意味する。形式論理をとらえることだけを目指した指導から、「筆者」を意識する「読み手」の主体に視点をおいた、幅広く豊かな指導へと移って来たのである。

2

このような時代の流れをふまえた上で「新学習指導要領・新教科書の新教材」に目を向けるとき、そこに説明文教材の指導への、新たな芽生えを見出すことができる。

その最大のものは、M社の新教科書の三年生から六年生までに見られる、説明文の二教材構成である。

いま、その構成を、各学年ごとの指導目標と教材の題目によって示すと、それぞれ次のようになっている。

○三年生

・読んで、かんそうをもとう

「イルカのねむり方」「ありの行列」

○四年生

・読んで、自分の考えをまとめよう

「大きな力を出す」「動いて、考えて、また動く」

○五年生

・筆者の考えをとらえ、自分の考えを発表しよう

「見立てる」「生き物は円柱形」

○六年生

・文章と対話しながら読み、自分の考えをもとう

「感情」「生き物はつながりの中に」

これらの二教材構成のうち、前に置かれた、いわゆる第一教材はいずれも見開き二ページ、後ろに置かれた第二教材は五から六ページの長さである。この長短の関係から、いずれの学年でも、第一教材が基礎的な学習、第二教材が発展的な学習とでも言える関係にあることが分かる。言い換えれば、見開き二ページの比較的短く負担感の少ない第一教材で基礎的・基本的な事柄を確実に習得し、その学習を発展・応用して第二教材に取り組み、学習内容の定着を図ることが目指されているのである。

このような形での二教材構成は、次のような長所を持つ。

第一は、児童の負担感の軽減である。

新学習指導要領・新教科書においても、これまで同様、説明文教材は決して多くはない。どの教科書でも、各学年とも三、四編程度であろうか。それも、もし、五月、一一月、二月等と学期ごとに配置されていれば、各教材での学習事項を踏まえた系統的で段階的な指導を積み重ねていくことは難しい。毎回の学習指導で、それ以前の学習事項を復習し思い出すだけでも大変である。だからこそ、連続する第一教材（見開き二ページの短い教材）で、例えば基礎的な要点のとらえ方を学んでおけば、次

の第二教材（五から六ページの比較的長い教材）で改めて学習の振り返りをしなくても、ある程度複雑な構成の文章で、発展的な要点のとらえ方に取り組むことができる。

連続した二教材構成だからこそ、習得と活用・応用を、間を空けずに、直接つなげて指導することができるのである。

第二は、教師の指導事項の精選である。

例えば、新学習指導要領の第五学年・第六学年の「読むこと」の「指導事項」には、次のような一文がある。

ウ　目的に応じて、文章の内容を的確に押さえて要旨をとらえたり、事実と感想、意見などとの関係を押さえ、自分の考えを明確にしながら読んだりすること。

ここでは、要旨をとらえることと、自分の考えを明確にしながら読むこととを中心としながら、数多くの事柄が取り上げられている。どれも大切なことであり、欠かすことはできない。しかし、A「要旨をとらえる」という指導事項については、①目的に応じた読みの指導と②文章の内容を的確に押さえる読みの指導とが前提とされている。同様に、B「自分の考えを明確にしながら読む」という指導事項については、①事実と感想との関係と②事実と意見などとの関係の二つを押さえる読みの指導とが前提とされている。

このようにとらえると、指導事項が極めて多く、また多様であることが分かる。しかし、この一つ一つを順に取り上げて指導していてはきりがない。何よりも、指導事項・学習事項の多さ・多様さに教師も児童も混乱し疲れてしまうに違いない。それを避けるためにも、例えば、思い切って、それぞれの①と②を第一教材で指導し、それらを踏まえた上で、その応用、まとめとして、AとBを第二教材で取り上げるのである。もちろん、AとB、①と②は、いずれも無関係な別々のものではない。ある意味で密接につながる基礎と発展、習得と活用の関係、あるいは、相互に重なりあい連続する関係にある。だからこそ、二教材構成の中で「指導事項」の一つ一つを意識し配列を考えて取り上げるのである。それによって、児童の負担感の軽減と教師の指導事項の精選が可能になる。

3

以上に述べた「新学習指導要領・新教科書の新教材」の大きな特質としてあげることのできる二教材構成について、具体的な例をあげながら、より詳細に述べたい。

例えば、すでに取り上げた通り、三年生の二教材構成は、第一教材「イルカのねむり方」と第二教材「ありの行列」とによっている。

このうち「イルカのねむり方」は、「関口さん」の研究を筆者である幸島司郎氏が紹介する形をとる文章であり、全体は、大きく「はじめ（一段落）―中（四段落）―おわり（一段落）」の形で展開している。まず、「第一段落」（はじめ）で「イルカは、いつ、どんなねむり方をしているのでしょうか。」という「問い」が提示される。その「問い」を受けて、第二段落から第五段落まで（中）では、それぞれで「調べたこと」「分かったこと」「考えたこと」がくり返され、第六段落（おわり）で、第一段落の「問い」の「いつ」「どんなねむり方」に対する「答え」として「夜中に」「脳を半分ずつ交代で休ませて、ゆっくりとおよぎながらねむっているのです。」とまとめられている。

この教材「イルカのねむり方」の構成を以上のようにとらえると、その特質として指摘できるのは、全体が「はじめ―中―おわり」の形をとりながら、「中」に含まれる四つの段落が、いずれも「調べたこと（観察・研究）―分かったこと（事実）―考えたこと（仮説）」という同じ形で繰り返されていることである。いま、その例として第三段落を取り出すと、それは、次のようになっている。

> 関口さんは、およぐはやさと、水面に上がっていきつぎをする回数を調べてみることにしました。すると、夜中には、およぐはやさがゆっくりとなり、いきつぎの回数も少なくなることが分かりました。このことから、関口さんは、イルカはこの時間にねむっているのではないかと考えました。

この第三段落は三つの文によって構成されているが、それぞれの文が「調べたこと（観察・研究）」「分かったこと（事実）」「考えたこと（仮説）」に対応しており、分かりやすい。

このような各段落の構成を踏まえて「イルカのねむり方」の全体の構造を段落の順に示すと、次のようになる。

①	はじめ	問題提示
②	中1	観察・研究―事実―仮説
③	中2	観察・研究―事実―仮説
④	中3	観察・研究―事実―仮説
⑤	中4	観察・研究―事実―仮説
⑥	おわり	結論・まとめ

右のようにとらえると、「はじめ―中―おわり」の形さえ理解すれば、②から⑤までの段落は同じ構造になっており、理解は容易である。共通する「観察（どうやって調べたか。）―事実（何が分かったか。）―仮説（どう考えたか。）」に傍線を引いて比較していけば、意味のまとまりとしての段落や内容をとらえることができるし、段落のつながりとしての論の展開を理解することもできる。

児童が、イルカという親しみやすい生き物に関心を持ち興味深く読むと同時に、段落は、①から⑥まで直線的な形で一列に並んでおり、その構造は平易で分かりやすい。これらから、この教材「イルカのねむり方」は、本格的な説明文教材への導入として、あるいは説明文の基礎教材として、適切で優れたものといえる。

4

次に第二教材「ありの行列」である。

「イルカのねむり方」は「関口さん」の研究を筆者である幸島司郎氏が紹介する形をとっていた。この「ありの行列」も、それと同様に、「ウイルソンという学者」の研究を筆者である大滝哲也氏が紹介する形をとっている。この筆者の目を通して研究者の活動を読み取る「筆者―研究者」の形は、二つの教材に共通する。したがって、「イルカのねむり方」で「筆者―研究者」の形の文章に慣れた児童は、「ありの行列」においても、「ウイルソン」と「大滝哲也氏」とを容易に区別しながら、大きな抵抗を感じることなく読み進めることができる。

この二つの説明文教材によって、児童は、文章や段落の構成や構造、論の展開等を読み取り、また、その背後にある筆者の工夫や配慮、読み手への語りかけ等をとらえていく。それは、説明文教材の読みとして大切な、また欠かすことのできない指導内容である。それらを取り上げるためにも、この二教材構成の「イルカのねむり方」と「ありの行列」が、ともに、同じ「筆者―研究者」の形をとっていることは大切な点である。筆者が他の研究者の活動を紹介した文章と、筆者が自らの研究を紹介した文章とでは、当然、その読み方は異なってくる。そのような意味で、ここでの二教材構成は適正なものと評価することができる。

ただ、同じ「筆者―研究者」の形でありながら、この二つの教材の構造や段落の構成・展開は大きく異なっている。「イルカのねむり方」が、直線的な形の、比較的平易な構成・展開であるのに対し、「ありの行列」は、はるかに複雑な形になっている。各段落も、一文によるものから九文によるものまで長短様々であり、表現されている内容も多様である。また、構成・展開、さらに段落相互の関係も複雑になっている。

　いま、そのような「ありの行列」の構成・展開を整理し、全体の構造を段落の順に示すと、次のようになる。

①	はじめ	問題提示
②	中1	実験・観察
③	中2	実験・観察（1）
④	中3	実験・観察（2）
⑤	中4	仮説
⑥	中5	研究
⑦	中6	結論
⑧	中7	理由・根拠
⑨	おわり	まとめ

　大きく「はじめ」の①段落での「問題提示」、「中」の②段落から⑤段落での「実験観察」、⑥段落から⑧段落での「研究」、「おわり」の⑨段落での「まとめ」の三つの部分としてとらえられる。

　このような構成・展開は、次のように図にすることもできる。

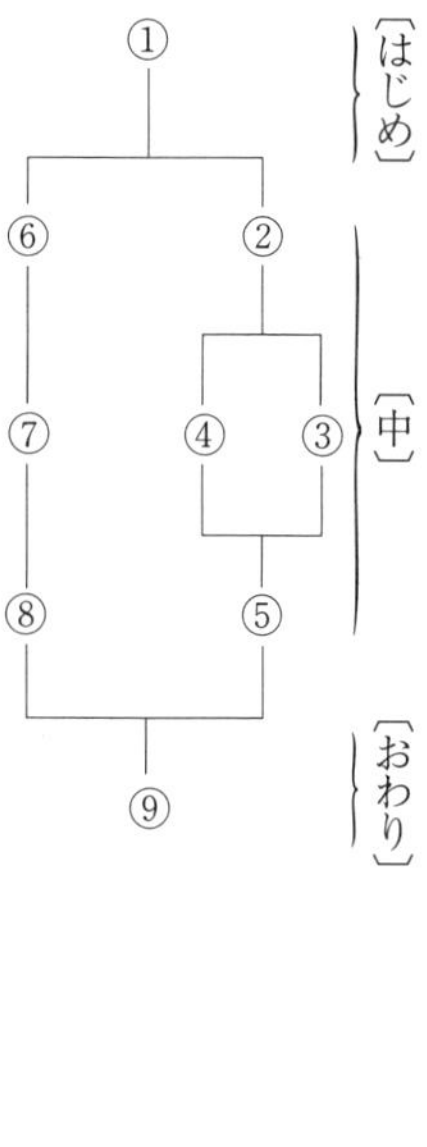

　右の図は、人によって多少の解釈の違いはあるが、それは当然のことである。大切なのは完璧な文章構成図を書くことではない。要は、「ありの行列」の文章を構造化し、筋道立てて論理的にとらえることである。そのための方法・手段としての構成図である。言い換えれば、結果としての構成図よりも、構成図にする過程での読み取りと試行錯誤こそが大切なのである。このような形で文章の構成・構造をとらえることによって、筆者の工夫や読み手への配慮をとらえ、「あり」と出会うと同時に「筆者」に出会うことができる。

　構成図にすることによって、第一に、「イルカのねむり方」と同様に、「ありの行列」も「はじめ―中―おわり」の構成になっていること、第二に、二つの「実験・観察」によって「仮説」が導かれていること、第三に、「実験・観察」と「研究」の二つの方法によって「ありの行列ができるわけ」が明らかにされたこと、したがって「実験・観察」と「研究」が並列の関係にあること、の三つがとらえられれば十分である。

さらに、このような「ありの行列」の文章の構成・構造を支えるものとして、様々に用いられている接続語（そこで、すると、そして、また）、指示語（その、この、これは、それは、これら、このように）、順序を表す語（はじめに、次に）、時間の経過を表す語（ずっと、すると、ようやく、そのうちに、やがて）等にも着目したい。これらの言葉が、適切に、また周到に用いられていることによって、この「ありの行列」が生き生きとした、優れた文章になっているからである。また、これらの言葉が正確にまた多様に用いられているために、目立たず気づきにくい。自覚的な目を向けるように指示されて初めて、これらの言葉に気づく児童も多い。だからこそ、内容に読み浸り「あり」や「ウイルソン」に出会う読みから、言葉や表現に着目し、その主体である筆者に出会う読みへと導くことが必要なのである。

5　説明文教材「イルカのねむり方」と「ありの行列」は、

すでに考察してきたとおり、内容、言葉、表現等、どの面から見ても優れた教材といえる。そのような二つの教材を並べて対照すると、個別には見えなかった様々な事柄が見えてくる。例えば、日頃何気なく用いている「段落」という言葉の概念の違い、平易で分かりやすい段落と複雑で難解な段落の違い、同じような文字の数・文の数の段落が直線的に一列に並ぶ場合と、文字の数も文の数も大きく異なる段落が並列し複線的に並ぶ場合の違い、用語の違い等々、その多様さに改めて目を向けざるを得ない。したがって、それぞれの教材によって、同じ「段落ごとのまとまりをとらえる」、あるいは「段落相互の関係をとらえる」場合でも、その具体的な指導の内容や方法は大きく異なってくる。そのときに、基礎的な第一教材と発展的な第二教材とが連続していれば、例えば「段落」の基礎的な概念と要点のまとめを第一教材で、それを踏まえた、「段落」の概念の多様さと内容のまとめ方を第二教材で、とすることは容易である。また、第一教材と第二教材を確認しながら、あるいは対比しながら指導を進めれば、筆者の工夫や特質の違いもとらえやすくなる。これまで「ありの行列」は、説明文の数少ない典型教材とされてきた。しかし、このように、「イルカのねむり方」と重ねることによって、真新しく新鮮な教材になる。

以前の国語教室では、一つ一つの教材を用いて、細部にわたる様々な事柄をていねいに取り上げて指導することが多かった。それは、ある意味で微視的な指導とも言える。もちろん、そのような指導も間違ってはいない。しかし、ときには、二つの教材を基礎・基本のための第一教材、発展・応用のための第二教材と位置づけ、指導事項を精選・配列した上で、強弱・軽重をつけた指導をすることも、大切な意味を持つのではないだろうか。

このように考えるとき、「新学習指導要領・新教科書の新教材」としてあげることのできる二教材構成は、二つの教材を比較対照する学習指導を導くとともに、指導事項の精選と再配列をも可能にするものとして、高く評価することができよう。

【物語・小説の新教材】

3　小学校の新しい物語教材で思考力・判断力・表現力を育てる・低学年
――「わたしはおねえさん」（いしいむつみ）の仕掛けを読む［光村図書二年］

加藤　辰雄（愛知県名古屋市立明治小学校）

1　教材の概要

作品の初めに、「一年生の子のおねえさん　すごいでしょ」という歌を歌う明るいすみれちゃんが登場する。主人公の「すみれちゃん」は、二年生であり、子どもたちと等身大の人物である。物語の場面は、十月の日曜日、すみれちゃんが宿題に取りかかるという設定になっている。

すみれちゃんは、「おねえさんって、ちょっぴりえらくて　やさしくて、がんばるもの」と思い込み、喜びに満ちあふれている。そして「えらいおねえさんは、朝のうちに　しゅくだいをするんだわ」と自分に言い聞かせて、自主的に宿題に取りかかるが、窓の外のコスモスが気になり、水やりを始める。その間に、すみれちゃんにとっての大事件が起きる。二歳になる妹のかりんちゃんが、すみれちゃんのノートにぐちゃぐちゃの絵を描いてしまうのである。すみれちゃんは、この絵を見て、「もう、かりんたら、もう。」と、「自分が、なきたいのか、おこりたいのか分か」らないほどの気持ちになる。

しかし、あまりにも無邪気で悪気のないしぐさに心を動かされ、かりんちゃんの気持ちを理解し、穏やかに対応する。そうした気持ちになれたのは、「わたしはおねえさん…すごいでしょ」と歌う心があったから、妹のかりんちゃんの落書きを許すことができたのである。

妹のかりんちゃんの事件の後、すみれちゃんはさらにおねえさんらしいふるまいをする。「こんどは　ねえねがおべんきょうするから、ちょっとどいてね」とやさしく話しかけたり、かりんちゃんが描いた絵を消しゴムで消すのをやめたりして、心の成長を見せる。

2　教材の研究

(1)　作品の構成

この作品の構成は、左図のような構成になっている。

○冒頭　歌を作るのがすきなすみれちゃんが――　（48頁7行）
【①人物の紹介】
　導入部
○発端　けさも、この歌を歌っています。――　（50頁1行）
【②宿題に取りかかる話】
【③コスモスに水をやる話】
　展開部
○山場の始まり　さて、その間に――　（53頁6行）
【④かりんちゃんが落書きをする話】
　山場の部
◎クライマックス　「あはは」すみれちゃんはわらいだしました。　（58頁1行）
【⑤落書きを許す話】
○結末＝末尾　――つぎのページをひらきました。　（59頁1行）

事件の流れ

(2)　作品の形象

作品の初めにすみれちゃんの人物像が紹介されている。すみれちゃんは「歌を作るのがすきな」子どもである。「また一つ、歌を作りました」から、以前にもたくさんの歌を作っていることがわかる。今回は、「おねえさん」をテーマにした歌をなぜ作ったのかが、その中身に書かれている。

すみれちゃんは、「二年生になってしあわせ。」と言っている。それは、家庭だけでなく小学校でも一年生の子のおねえさんになり、本当におねえさんと感じることができているからである。今までは、妹のかりんちゃんのおねえさんであるが、小学校ではお世話をしてもらう一年生の立場であった。

小学校でもおねえさんの立場になったことがうれしくて、歌の中に「おねえさん」という言葉がしつこいくらい繰り返されている。また、二年生はちょっとえらくて、やさしくて、がんばるものと思いこみ、「すごいでしょ」と誇らしく思っている。

すみれちゃんは、えらいおねえさんは、朝のうちに「しゅくだいをするんだわ」と自分に言い聞かせて、宿題に取りかかる。しかし、コスモスの花にすぐ水をやりに行ってしまい、そのとおりには行動できない。二年生になって、本当におねえさんになったと思っても、そう簡単には、「おねえさん」にはなれないことが読み取れる。このことが、クライマックスへの伏線になっている。

　水やりをしている間に、妹のかりんちゃんは、すみれちゃんのノートにぐちゃぐちゃの絵を描く。すみれちゃんが「何しているの。」と尋ねると、かりんちゃんは「おべんきょ。」と答えている。なぜそう答えたのか。それは、すみれちゃんが家で勉強している姿を見ていて、おねえさんはえらいと思っているからである。

　すみれちゃんは、かりんちゃんの気持ちを読み取ることができずに、「半分ぐらい、なきそうでした。もう半分は、おこりそうでした」という状態になる。そして、思わず感情的になって、「何よ、これ。」とかりんちゃんに言ってしまう。

　二歳のかりんちゃんが「お花。」と答えたときのあまりにも無邪気で悪気のないしぐさにすみれちゃんは心が揺れる。そして、ぐちゃぐちゃの絵が描かれたノートをもう一度「じっと」「ずっと」見ているうちに、かりんちゃんの気持ちが理解できてくる。すなわち、すみれちゃんのことをえらいおねえちゃんと思っているから、「おべんきょ」のまねをしたことが分かってくる。

　穏やかな心になったすみれちゃんは、「あはは。」と笑い、かりんちゃんを許す。「わたしはおねえさん」というプライドが支えとなって、葛藤を乗り越えることができたのである。

　ふたりで笑って事件が解決したあとは、すみれちゃんは「じゃあ、かりん。こんどは　ねえねがおべんきょうするから、ちょっとどいてね。」とおねえさんらしく理性的に話しかける。この言葉から、かりんちゃんの気持ちが理解できたすみれちゃんの心の成長が読み取れる。すみれちゃんの心の成長は、すみれちゃんが落書きの絵を消しゴムで消すのをやめることからも読める。

3　この教材で身に付けさせる国語の力

本教材で身に付けさせたい力は三つある。

　一つ目は、主人公のすみれちゃんの言動を丁寧に読み取り、すみれちゃんの心の変容や成長を読み解く力をつけること。

二つ目は、すみれちゃんが本当の「おねえさん」になるまでの作品の仕掛けを読み解く力をつけること。

三つ目は、読み取ったことを自分の経験と結び付け、自分なりの感想を持つことができるようにすること。

作品を読み進めるうえで大切なことは、まず作品の構成をつかみ、出来事をしっかり押さえることである。主人公の「すみれちゃんの人物紹介」がされたあと、「宿題に取りかかる話」「コスモスに水をやる話」「妹のかりんちゃんが落書きをする話」「落書きを許す話」と続くことを押さえる。

次に、「わたしはおねえさん」と自負するすみれちゃんの心と言動を丁寧に読み取らせる。とくに、妹のかりんちゃんが、すみれちゃんのノートに落書きしたのを見て、泣きたいのか怒りたいのか分からなくなったすみれちゃんの気持ちを読み取らせる。

そして、妹のかりんちゃんのあまりにも無邪気で悪気のないしぐさに心が動かされたこと、かりんちゃんがおねえさんのまねをしてノートにかいたことが分かり、許すことができたことを読み取らせる。それは、クライマックスの着目によって可能となる。

さらに、落書きを消すことをやめて次のページを開いて宿題に取りかかろうとしたすみれちゃんの心の成長を読み取らせる。

このようにすみれちゃんの心の変容や成長を読み取らせた後は、読み取ったことを自分の経験と結び付けて感想を書かせる。

4 指導計画

全部で八時間の単元計画である。

1 表層の読み取り（1時間）
(1) 教師の範読
(2) 子どもたちの音読
(3) 感想書き
　　初読の感想を書く。
2 構成・構造の読み取り（1時間）
3 形象の読み取り（4時間）
(1) 主人公の心の変容や成長の把握
(2) 物語の仕掛けの把握
4 感想書き（1時間）　主人公の心の成長と自分の経験を結び付けて書く。
5 感想の交流（1時間）

5　作品の仕掛けに気づかせる授業

すみれちゃんが「わたしはおねえさん」というプライドが支えになって、本当のおねえさんになっていく作品の仕掛けに気づかせる授業のシミュレーションを示す。

教師①　すみれちゃんは、「わたしはおねえさん」と言っていますが、だれのおねえさんですか。

子ども　ちっちゃなかりんちゃんのおねえさんです。

子ども　一年生の子のおねえさんです。

教師②　そのことをすみれちゃんは「すごいでしょ」と言っています。なぜですか。

子ども　妹のかりんちゃんだけでなく、一年生の子のおねえさんになったからです。

子ども　一年生のとき、、すみれちゃんは学校のおにいさんやおねえさんにお世話になっていたけど、二年生になって一年生の子のおねえさんになったからです。

教師③　家でも学校でもおねえさんになったということだけですか。「すごいでしょ」と思ったのは？

子ども　二年生は一年生とはちがって、ちょっぴりえらくて、やさしくて、がんばるものだと思っているから。

教師④　家でも学校でもおねえさんになって、すみれちゃんはうれしいんだね。どこで分かりますか。

子ども　すみれちゃんが作った歌に、「おねえさん」が五回も書いてあります。

子ども　「ああ、二年生になってしあわせ」と書いてあります。

子ども　「この歌を歌うたびに」書いてあるので、うれしくて何回も歌っているからです。

教師⑤　二年生になったすみれちゃんは、おねえさんとは、どうしないといけないと思っていますか。

子ども　やさしくしないといけないと思っています。

子ども　がんばらないといけないと思っています。

教師⑥　そこで、すみれちゃんは十月の日曜日に何をしましたか。

子ども　朝から宿題をしようとしました。

教師⑦　うまくいきましたか。

子ども　うまくいきませんでした。

教師⑧　それは、なぜですか。

子ども　宿題をはじめようとしても集中できなくて、外が気になったからです。

子ども　宿題を少しもやらなくて、すぐコスモスの花に水やりをしたからです。

教師⑨　このことから、どんなことが分かりますか。

子ども　宿題をやる前に外が気になっているので、えらいおねえさんになれていないです。

子ども　宿題を朝のうちにやろうと思ったのはおねえさんらしいけど、宿題をやらずにコスモスの花に水をやってしまったのでおねえさんらしくないです。

教師⑩　すみれちゃんは、おねえさんになってうれしくて、がんばろうとしたけど、そのとおりにはできなかったんだね。本当の「おねえさん」にはまだなっていないね。

教師⑪　妹のかりんちゃんが宿題のノートに落書きをしたのを見たときは、すみれちゃんはおねえさんらしくできていますか。

子ども　「もう、かりんたら、もう」とすみれちゃんは言って、妹のかりんちゃんにやさしくないです。

子ども　自分が、なきたいのか、おこりたいのか分からないくらいになって、おねえさんらしくないです

教師⑫　では、本当の「おねえさん」になったと分かるのは、どこですか。

子ども　かりんちゃんがなぜノートに落書きをしたか分かって、かりんちゃんを許してあげると思ったところ。

子ども　「あはは」とすみれちゃんが笑って、落書きを許してあげたところです。

子ども　「じゃあ、かりん。こんどは　ねえねがおべんきょうするから、ちょっとどいてね」とやさしくしゃべってて、おねえさんらしいところです。

子ども　かりんちゃんの落書きは「お花」なので、ぐちゃぐちゃでも消しゴムで消さなかったところです。

教師⑬　すみれちゃんが作った歌には「やさしいおねえさん」「げんきなおねえさん」「ちっちゃなかりんのおねえさん」「一年生の子のおねえさん」とたくさんおねえさんが出てきますね。このお話の終わりでは、すみれちゃんは歌に出てくるような本当のおねえさんになったのですね。

【物語・小説の新教材】

4　小学校の新しい物語教材で思考力・判断力・表現力を育てる・中学年
――「初雪のふる日」（安房直子）の作品構造を読む［光村図書四年］

永橋和行（京都府・立命館小学校）

1　教材の概要

ふと見つけた石けりの輪に足を踏み入れた女の子が、雪うさぎの列に入り込んでしまい、歩みを止めることができないまま、見知らぬ町まで行ってしまうという物語である。絵巻物のように話が移り変わり、それとともに、登場人物の心情の変化が描かれている。「女の子はどうなってしまうのだろう。」「無事に助かることはできるのだろうか。」などと、緊張感と好奇心をもって読み進めることができる作品である。また、冒頭から中盤にかけての不安で不穏な雰囲気から、後半のよもぎの葉が登場して、希望に満ちた明るい雰囲気に変化していくが、その際に鍵となる言葉や表現の効果もしっかり読み取らせたい。

2　教材の研究

(1)　作品の構造分析

作品の構造（話の筋の流れ）を次頁のように読み取った。「発端」は、「村の一本道に、小さな女の子がしゃがんでいました。」である。女の子と異界との出会いである。女の子を誘うのにもってこいの設定である。同時に、どこまでも続いていることが不思議でもあり、好奇心をくすぐる。ファンタジーの作品の場合、「日常世界→非日常世界→日常世界」と世界が変わるが、石けりの輪が、その入り口を示している。ここから雪うさぎの列に入り込んでしまうのである。

「クライマックス」は「女の子は、目をつぶって大きく息をすうと、むちゅうでさけびました。『よもぎ、よ

事件の流れ

部	場面	本文	頁・行
導入部	○冒頭	秋の終わりの――	（100頁1行）
展開部	○発端	村の一本道に、小さな女の子が――	（100頁2行）
山場の部	○山場の始まり	このときです。――	（109頁8行）
	◎クライマックス	女の子は、目をつぶって大きく息をすうと、むちゅうでさけびました。「よもぎ、よもぎ、春のよもぎ。」と。	（113頁6～9行）
終結部	○結末	――白うさぎにさらわれそうになったのだ。」と	（114頁10行）
	○末尾	――バスで送り返してもらうことになりました。	（114頁13行）

もぎ、春のよもぎ。』と。」である。「よもぎ、よもぎ、春のよもぎ。」とおまじないが唱えられたこと、そしてこのことによって、女の子が助かることが決まるところである。「大きく息をすうと」と今までの「大きく息をついて」と違っている。間を取るというよりは、大きな声を出そうとしているのである。「さけびました」も、「むちゅうで」がついていることで、このタイミングしかないということが強調されている。さらに倒置法が用いられている。

なお、他のクライマックスの候補として、少し前の「うさぎの白は、春の白／よもぎの葉っぱのうらの色／かた足、両足、とんとんとん」も考えられる。ここは、うさぎの歌が冬から春に変化する。つまり春を呼ぶうさぎになっている。女の子のなぞなぞにより、うさぎたちが動揺し、うさぎの変化が読み取れるところである。しかし、ここでは、まだはっきりと女の子が助かったとは確定できない。

(2) 読み取るべき重要な形象（読み取るべき文・言葉・表現）

クライマックスを「女の子は、目をつぶって大きく息をすうと、むちゅうでさけびました。『よもぎ、よもぎ、春のよもぎ。』と。」と読み取った。つまりここでうさぎにさらわれそうになった女の子が助かったのである。だとするならば、この作品をより深く読み進んでいく学習過程で作品に仕掛けられた比喩・反復・象徴等の意味を

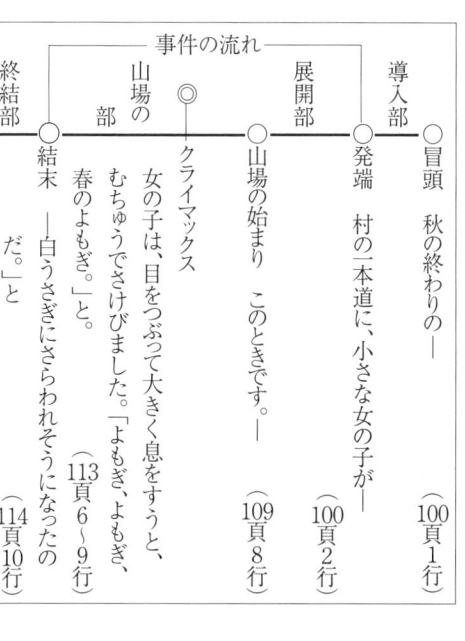

読み取ることで、女の子とうさぎとのせめぎ合いや、女の子とうさぎの関係性の変化等、最後のクライマックスに向かっての変化を把握することができるようになるのである。具体的には、以下の箇所（文や言葉）の形象を丁寧に読むことが大切であり、作品の主題に迫ることにもつながることになる。

以下読み取るべき言葉や文章と分析を示す。

まず導入部の「**石けり**」（101頁・1行）であるが、これは小石を投げ入れて、蹴るなどして順に進んでいく遊びである。主人公の女の子を大変な状況に追い込んでいく役割をもっており、読み取らせるべき形象である。

「**ゴムまりみたいにはずんできたのです。**」（101頁・8行）は、どこまでも弾んでいく女の子の様子が表されている。人間としての重みがなくなり、無機物のような状態になっているとも読み取れる形象である。

「**かた足、かた足、両足、かた足――。**」（101頁・10行）は石蹴りの様子を表している。地面に描かれた輪が一つなら片足、二つ並んでいれば両足をつける。リズムよく進んでいる感じ、異世界につながる調子であることを予感させる言い回しである。この後、繰り返して出てくる表現である。その時々の女の子の心情の変化を読み取らせたい。

「**大きな犬が歯をむき出してほえました。**」（102頁・3行）は単に見慣れないものを見て吠えているのではなく、何かを察して吠えているのかもしれないのである。日常の光景のように書かれているものにも、異世界に入ろうとする様子を表現しているものもあることを読み取らせたい。

「**真っ白いうさぎが、石けりをしながら女の子の後を追いかけてくるじゃありませんか。**」（103頁・6行）の真っ白いうさぎであるが、主人公の女の子を異世界に連れ去ろうとする存在である。後に出てくるおばあさんの話や、女の子が誰にも気づかれずに遠くまで行ってしまうところからも、他の人からは雪としかとらえられないだろうと読み取ることができる。

「**いつか、おばあさんから聞いた話を思い出したからです。**」（104頁・13行）のおばあさんは、女の子を支える存在である。おばあさんの言葉に、うさぎから逃れるヒントが隠されていることが読み取れる。

「**よもぎ、よもぎ、春のよもぎって。よもぎは、まよけの草だからね。**」（106頁・11行）のよもぎは、うさぎから逃れるためのアイテムである。作品の中では、魔よけの草として扱われており、春を思わせるものとして、冬の寒くて暗いイメージを払拭する役割を持つ。よもぎは山野に自生し、その香りは独特なものである。若葉は草餅などの材料になり、早春の風物詩といえよう。葉の表面は柔らかい毛が密生していて白く見えるが、このことが、後の展開につながってくるのである。

「**ぼくたちみんな雪うさぎ　雪をふらせる雪うさぎうさぎの白は、雪の白　かた足、両足、とんとんとん**」（107頁・7行）といううさぎの歌声は女の子を異世界に連れ去る、圧倒的な力を秘めたものとして描かれている。女の子が耳を塞いでもつむじ風のように入り込んでくるやっかいなものであり、女の子がよもぎのおまじないを唱えることができない原因にもなっている。人間の力のなさを感じさせるとともに、女の子の前途が暗いことを暗示している。

「**人々はだれも、うさぎのむれと女の子に気づきません。**」（108頁・8行）は他の人には単なる雪としか映らないうさぎの群れであるが、女の子を確実に連れ去っていく様子が描かれている。このことが、女の子に無力感を与えているのである。

「**それは、雪の下にいる、たくさんの草の種の声でした。**」（110頁・3行）は冬を堪え忍び、春を待つ植物の生命力の強さが、女の子の逆境を跳ね返す兆しを表現している。うさぎたちの歌声に対抗し、うさぎのペースを乱すきっかけを作っていることが読み取れる。

「**よもぎの葉っぱのうら側は、どうしてこんなに白いのかしら。**」（110頁・9行）は女の子が思いついた、うさぎたちへの謎かけである。このなぞかけのせいで、うさぎはペースを乱され、歌声も途切れてしまう。女の子が逆転するきっかけになっている。物語の新展開を予感させる言葉である。

「**うさぎの白は、春の色／よもぎの葉っぱのうらの色／かた足、両足、とんとんとん**」（112頁・2行）のうさぎの歌は、うさぎたちがペースを乱され、勝手に歌い始めている。女の子を元の世界に戻す役割をもった歌である。

「**どこからかやって来た見知らぬ女の子を、町の人々が**

取り囲みました。」（114頁・3行）は雪にしか映らなかったうさぎの群れから解放され、やっと人々に保護されたことを表している。現実世界に女の子が戻ってくることができたのである。

この作品に仕掛けられた比喩・反復・象徴等の意味を読み取ることで、女の子とうさぎとのせめぎ合いや、女の子とうさぎの関係性の変化等、最後のクライマックスに向かっての変化を把握し、作品のテーマに迫ることができるようになるのである。

3　この教材で身に付けさせる国語の力

文学作品の構造を読み取ることで、次の三点の力がつくと考える。

①作品全体を俯瞰する力がつき、作品全体の筋を理解することができる

特に「クライマックス」は、事件の関係性がそこで決定的に転化したり確定したりする部分であり、読者に強くアピールする部分である。そのため描写性が他よりも高くなっている場合が多い。だからそこに着目することで、作品全体の流れを俯瞰することができるようになる。

②作品の構造を俯瞰することで、その作品の大きな形象の流れ・方向性がある程度把握できるようになる

また、その作品の大きな仕掛け（レトリック）も把握できる。そして、作品全体の主題も仮説的に予測することができるし、作品のどの部分に着目すればいいのかが見えてくる。

③形象を詳しく読み取っていくときの読むべき箇所が見えてきて、自分の力で読み進めることができる

つまり作品の構造を読み取ることにより、次の形象を読み取る授業につなげることができる。作品の事件展開は、クライマックスに向かって進行していき、仕掛けられ位置づけられている場合が大変多い。だからクライマックスという最も大きく事件が発展する部分を強く意識し、その発展過程をもう一度振り返ることで、それに向かって事件が大きく展開していく部分、つまり「事件の発展」をより容易に発見できるようになる。

〈クライマックスとは何か〉

クライマックスの性質には次のようなものがある。

①読者に強くアピールする書かれ方になっている。

②描写性が特に厚くなっている。

③人物相互の関係等、事件の二つの関係性が転化・確定する。

④より強く作品のテーマにかかわる

しかし、実際に小学生の子どもに右記の四点を示しても理解できないので、私は「クライマックスはどこか?」という授業の場合、「作品の中で、最も大きく変化し、確定する(決まる)ところはどこか?」と発問し、「そこ(クライマックス)で何が大きく変化したのか。」ということを、子どもと丁寧に読み取るようにしている。

4 指導計画

指導計画を次のように全十二時間で立てた。

(1)範読・初発の感想　1時間
(2)音読・難語句調べ　1時間
(3)時・場・人物の読み取り　1時間
(4)構造を読み取る
　(クライマックスを見つける)　1時間
(5)全体の構造を読み取る
　(構造表にまとめる)　1時間
(6)詳しい形象を読み取る(導入部)　1時間
(7)詳しい形象を読み取る(展開部)　3時間
(8)詳しい形象を読み取る(山場の部)　2時間
(9)詳しい形象(主題)を読み取る
　(終結部・題名)　1時間

5 クライマックスを読む授業

普段の物語の構造よみの授業を参考にして、授業シミュレーションを次に示す。

この時間までに、子どもたちは自分で「クライマックスはどこか。」を考えてノートに書いておく。それをもとに小グループ(ペア)で話し合いをさせてから学級全体で話し合うことにしている。それは子ども一人ひとりの考えを大切にしながらも、学級集団のみんなで話し合い、討論しながら結論を導くような授業をめざしているからである。

教師① では話し合いを始めます。クライマックスはどこだと思いますか。意見のある人は言ってください。

子ども 僕は、「女の子は、一枚の葉を見つけたのです。」（109頁・7行）だと思います。理由は、その葉っぱを見つけたので、女の子がうさぎたちから助かったところだからです。（①と板書する）

子ども 私は、「うさぎの白は、春の色　よもぎのはっぱのうらの色　かた足、両足、とんとんとん」（112頁・2～4行）とうさぎたちが歌ったところだと思います。理由は、今までのうさぎの歌は、「うさぎの白は　雪の白」と歌っていたのに、ここでは、うさぎの白は　よもぎの葉っぱのうらの色」と変わって女の子が助かったところだからです。（②と板書する）

子ども 僕は、「女の子は、目をつぶって大きく息をすうと、むちゅうでさけびました。『よもぎ、よもぎ、春のよもぎ。』と。」（113頁・6～9行）だと思います。理由は、女の子がおまじないを唱えたので助かったのだと思います。（③と板書する）

教師② 他に意見はありませんか。ではこの三つで話し合います。①②③とも共通しているのは、女の子が助かったところということですね。どこで助かったのかという話し合いで進めます。意見を言ってください。

子ども 私は、①はクライマックスではないと思います。理由は、よもぎの葉っぱを見つけただけでは、まだ女の子が助かったとはいえないと思うからです。①は助かるきっかけになったところだと思います。

子ども 賛成です。同じです。（等）

教師③ 今の意見にみなさん納得ですか。ということは、①はクライマックスというより、何になりますか。

子ども ここから話が変わっていくから、山場の始まりだと思います。

子ども いいです。（多数）

教師④ では、②③どちらでしょうか。

子ども 私は、③だと思います。女の子がおまじないを唱えようと思っても、なかなかできなかったのに、ここでやっと唱えることができて助かったからです。

子ども 僕は、②だと思います。うさぎの歌が「うさぎの白は、春の色　よもぎのはっぱのうらの色」と変わったということは、もうすでに女の子が助かったということを表していると思います。

子ども　②で変わったのは、うさぎだと思います。ここでは女の子が助かったどうかは、まだはっきり分からないと思います。

子ども　だから、うさぎが変わったということは、女の子が助かったということになると思います。

教師⑤　整理しましょう。この作品では「何が大きく変わる」とみなさんはとらえたのでしたか。

子ども　「女の子が、うさぎから助かるかどうか」です。

子ども　いいです。（多数）

教師⑥　だとすると、女の子がはっきりと助かると分かるのは、②ですか。③ですか。つまり大きな変化が確定するところはどっちですか。

子ども　③ではっきり女の子が助かったと分かります。

教師⑦　みなさんいいですか。

子ども　いいです。（多数）

教師⑧　では、クライマックスは③に決定します。では次の時間から、うさぎと女の子とがどう関わりあいながら、話の筋や登場人物の心情が変化していくのかを読み取っていきましょう。

参考文献

1　阿部　昇「新学習指導要領『国語』をどう読み解くか」『国語授業の改革9　新学習指導要領をみすえた新しい国語授業の提案』二〇〇九年、学文社

2　永橋和行「小学校―物語・小説「構造」「レトリック」の仕掛けを読み解く授業―「大造じさんとガン」（椋鳩十）を使った授業構想と授業記録」『国語授業の改革8　ＰＩＳＡ型を超える国語授業の新展開』二〇〇八年、学文社

3　『小学校学習指導書・4年』二〇一一年、光村図書出版

4　二〇一〇年読み研冬の研究会での鈴野高志氏・臺野芳孝氏の提案資料

【物語・小説の新教材】

5　小学校の新しい物語教材で思考力・判断力・表現力を育てる・高学年
――「世界でいちばんやかましい音」（ベンジャミン・エルキン）の作品構造を読む［東京書籍五年］

熊添　由紀子（福岡県八女市立見崎中学校）

1　教材の概要

「もう、ずいぶん昔のことです。／そのころ、世界でいちばんやかましい所は、ガヤガヤという都でした。そこでは、人々は、話すということをしませんでした。口を開けば、わめくか、どなるかしたからです。」からこの物語は始まる。

世界でいちばんやかましい都であるガヤガヤの町。その町の人々の中でもとりわけやかましいのがギャオギャオ王子。王子は父親である王様に、誕生日に世界でいちばんやかましい音のおくり物を希望する。そして、世界中の人が何月何日何時何分に「ギャオギャオギャオ王子、お誕生日おめでとう！」と叫ぶことになり、全世界の人々へ伝令がとばされる。ところが、世界でいちばんやかましい音を聞いてみたいと思ったのは王子様だけではなかった。ひそかに自分だけ聞いてみたいと思った人々は、その時になったら口だけを開けて他の人の声を聞こうと考える。そして当日の約束の瞬間、世界は全くの沈黙に包まれてしまう。しかし、王子は生まれて初めて経験する沈黙の世界の中で、生まれて初めて自然の小鳥や木の葉や小川の音を聞き、感動する。そして、その時からガヤガヤの町は世界で一番やかましい町から世界で一番静かな町に生まれ変わる。

絵本が日本でも出版されており、最後の意外な結末が、さわやかな印象を与える作品である。

2 教材の研究

(1) 構造をよむ

構造よみで物語の作品構造を読み取る。教科書のねらいもてびきも、作品の「構成」をとらえることを重視している。そのねらいは適切なものであり、ここではそれに添って作品構造（構成）に力点を置いて教材研究を行う。

教科書のてびきには次のようにある。

「『世界でいちばんやかましい音』は「設定」「展開」「山場」「結末」の四つの部分からできています。時、場、出来事、人物の行動や気持ちなどに気をつけて四つの部分を確かめることで、物語の構成がとらえやすくなります。」

ここでは物語を「設定」「展開」「山場」「結末」の四つの場面に分けることとそれぞれの言葉についての説明がなされている。明らかに読み研の影響と考えられるが、読み研とは用語の使い方の差異が見られる。

読み研では四つの線（「導入部」「展開部」「山場の部」「終結部」）と五つの点（「冒頭」「発端」「山場のはじまり」「結末」「末尾」）で物語の構造をとらえる。教科書のてびきでは場面だけをとらえているが、場面の境目となる文や「クライマックス」をとらえることで作品の構造がより深く見えてくる。

本教材の構造は次のようになる。

○冒頭 ―もうずいぶん昔のことです。―（40頁5行）

導入部

○発端 ―さて、あと一月半もすると王子様の誕生日が来るというある日、―（42頁13行）

展開部

事件の流れ

○山場のはじまり ―さて、いよいよギャオギャオ王子の誕生日がやってきました。―（48頁13行）

山場の部

◎クライマックス ―まさかと思いましたが～庭の方を指指していました。（51頁8～10行）

○結末 ―それがすっかり気に入りました。（51頁14行）

終結部

○末尾 ―世界でいちばん静かな町（52頁10行）

授業では、「冒頭」と「末尾」を確認したあとに、「発端」「結末」「クライマックス」「山場のはじまり」の順に読みとっていく。その中でも物語の構造を読みとる上では特に「発端」と「クライマックス」がポイントとなる。

「発端」は、「事件の流れ」の始まりであり、次のような要素がある。
①中心的な事件がそこから始まるところ
②日常のくり返しから非日常の出来事が始まるところ
③説明的な書き方から描写的な書き方に変わるところ
④主要な二人の人物の出会いが始まるところ
この物語の「発端」は「さて、あと一月半もすると――」である。根拠を①~④にそって挙げると、
①王子様のために世界でいちばんやかましい音をたてるという中心的な事件が始まるところである。
②やかましい音を求める王子様の日常のくり返しから、誕生日の贈り物をするという非日常の出来事が始まるところである。
③王子様がどんなにやかましい音が好きかという説明的な書き方から、ある日の会話という描写的な書き方に変わるところである。
④主人物である王子様と世界でいちばんやかましい音を贈ろうとする王様との「出会い」が書かれている。
ここでの事件は、王子様と音の関わりであり、「クライマックス」における、王子様の音のない世界の発見につながっていく。なおもう少しあとの、「ある日のことでした。ガヤガヤからずっとずっとはなれた、ある小さな町で、一人のおくさんがだんなさんに話をしていました。」を、一人のおくさんの発案がきっかけで沈黙がひろがるという理由で「発端」と考える子どももいると考えられる。しかし、やはり世界でいちばんやかましい音をたてるという話が始まるからこそ沈黙することが起こってくるので、「発端」は「さて、あと一月半もすると…」である。

「結末」は「発端」から始まる事件の流れの終わりであり、山場の部に含まれる。あとばなしである終結部(エピローグ)の始まりとの境界線となっている。「結末」の着眼のしかたとして次の二つが考えられる。
①中心的な事件が終わり、非日常から再び日常のくり返し(導入部の日常とは質的に変化した日常)に戻る前のところ。
②描写的な書き方から、再び説明的な書き方に戻る前の

ところ。

ここでは51頁14行「そして王子様はそれがすっかり気に入りました。」が結末となる。

「クライマックス」（最高潮）は事件の流れを決定づけるところであり、つぎのような要素がある。
①事件（主人物のものの見方考え方、人物相互の関係性）が大きく変化、確定するところ
②描写性が高いところ
③最も緊迫感・緊張感が高く読み手に強くアピールするところ
④作品の主題に深くかかわるところ
この物語の「クライマックス」は、「まさかと思いましたが、まちがいありません。王子様です。王子様がうれしそうに手をたたいているのです！　王子様は、しきりにはしゃいで、とんだりはねたりしながら、庭の方を指差していました。」である。根拠としては、
①世界でいちばんやかましい音とはまったく反対の結果である沈黙に、人々が予想したであろう王子様の失望や怒りとは全く違った逆の反応が描かれ、王子様の大きな変化が見られる。
②王子様の様子が描写的に描かれる。
③語り手が実況放送をするような語りで緊迫感を高めている。文の長さも「王子様です。」に始まり、後になるほど長くなり、その意外性をアピールしている。
④生まれた時からずっとやかましい音の中で暮らし、やかましい音を求め続けてきた王子様が初めて「音のない世界」を経験しその中で自然の音を聞く。人間の立てるやかましい音を求め続けるも決して満足することのなかった王子様が、初めて静けさと落ち着きを知るという生き方の変化（主題）が描かれる。
なおこの前にある「十五秒前…十秒前……五秒前……三、二、一、それっ！　何百万、何千万、何億という人が、世界でいちばんやかましい音を聞くために耳をすましました。そして、その何億という人の耳に聞こえたのは、全くのちんもくでした。」を「クライマックス」と考える子どももいると考えられる。だが、これは、事件をストーリー的にとらえているだけである。事件は、プロット（事件の流れ）としてとらえなければ見えてこない。ここでは主人物である王子様の音に対する考え方が大きく転換し、王子様と音との関係が大きく変わると

ころなので、「まさかと思いましたが、～」が「クライマックス」となる。

また、この「クライマックス」を発見させる指導過程は次の形象よみでの重要な「線引き」の指導につながっていく。（「線引き」とは、作品のポイントとなる文や語句を見つけていく学習過程である。）

「山場の始まり」には次の要素がある。

①クライマックスに直接つながる事件展開の場面の始まるところ

②事件の展開の密度が濃くなり、展開の速度も速くなるところ。

この物語の「山場の始まり」は、48頁13行「さて、いよいよギャオギャオ王子の誕生日がやってきました。」である。

①世界でいちばんやかましい音を聞くことができるのか、事件の確定につながる場面が始まるところである。

②秒読みが始まり、事件の展開の密度が濃くなり、展開の速度が速くなるところである。

(2) 導入部・展開部の形象を読む

「形象よみ」は作品の一語一語、一文一文の形象、またそれらの関連としての形象性をくわしく読んでいく過程である。ただ、すべての語や文を丁寧に読むのではなく、より強く作品の事件や人物のあり方を決定している部分や、より重い形象を含んでいる部分に「線引き」をして読んでいく。

導入部の「線引き」の指標は「時」「場」「人物」「事件設定」である。これらの指標はこれから展開される事件の展開に向けての「仕掛け」としての意味をもっている場合が多いからである。

ここでは特に王子様の人物形象を読む。

「『もっとやかましい音が聞きたい。もっともっとやかましい音が聞きたい。世界でいちばんやかましい音が聞きたい。』と王子様は思いました。」（傍点：熊添）では、ここからやかましい音への欲望が際限なくふくれあがっている王子様の人物像を読むことができる。と同時に、やかましい音への欲望は本来際限のないものであり決して満足にはいたらないという「仕掛け」となっている。この事が「クライマックス」における王子様の音に対する考え方の大きな転換につながっていくのである。

展開部以降の「線引き」は、クライマックスを意識しながら、「事件の発展」が特に読みとれる部分（文）に着目して読んでいく。クライマックス及びそこに収斂されていく「事件」の性格を把握して「線引き」すべき箇所を絞り込み、形象を丁寧に読み深めていく。その前後の形象は必要に応じて参照していく。

ここでは、三つの部分に絞って線引きする。三つめの、なぜ全世界の人々が沈黙してしまう結果となったのかが読めるところである48頁10行の「わたし一人くらいだまってたって、分からないわ。（中略）どんな音になるか耳をすましていましょう。」では、喜んで協力を約束したにもかかわらず、おひざもとのガヤガヤの町の人たちでさえほかの人のさけぶ声を聞こうとエゴに走る。その結果ガヤガヤの町に全くの沈黙が訪れる「仕掛け」となっている。

(3) クライマックスの形象を読み、主題をとらえる

「山場の部」と「終結部」の形象の読みとり過程を「主題よみ」とする。「山場の部」では「事件の発展」によって主題がつむぎ出されており、そこに線引きして読み深める。「終結部」ではほとんどの文を読んでいく。

ここでは、「クライマックス」を読む。

「まさかと思いましたが、まちがいありません。王子様です。王子様がうれしそうに手をたたいているのです！王子様は、しきりにはしゃいで、とんだりはねたりしながら、庭の方を指差していました。」

どんなに音をやかましくしても、これで十分という気持ちになれなかった王子様。「もっと」「もっともっと」とやかましい音を求め続けるが、その欲望には際限がない。その王子様が初めて耳にした「自然の音」。それによって初めて「静けさと落ち着き」を知った王子様。人間の立てるやかましい音では決して味わうことのなかった喜びと癒しを初めて王子様は味わうことになる。

この物語の主題はクライマックスの読みとりからも分かるように次のようにとらえられる。

> やかましい音が支配する世界の非人間性と、人間の欲望の限りなさ。その対極としての静けさと落ち着きの世界がもたらす人間性の回復と癒し。

3　指導計画

全七時間の指導計画である。

1　表層のよみ…………（1時間）
2　深層のよみ
（1）構造よみ…………（1時間）
（2）形象よみ…………（2時間）
①導入部
②展開部
（3）主題よみ…………（2時間）
①山場の部
②終結部
（4）吟味よみ…………（1時間）

4　作品構造を読む授業―授業記録

授業日時　二〇一一年四月二十五日（月）２時間目
授業学級　八女市立見崎中学校　二年生
男子一七名、女子七名　計二四名

この物語の「発端」と「クライマックス」を見つけよう。

「発端」と「クライマックス」の指標を確認した後、まずは個人で「発端」はここからと分かる一文と、「クライマックス」の一文（教材によっては二文以上）を考えさせる。次に、班で話し合わせる。考えがまとまったところで、黒板に班の考えを書かせる。

授業では「発端」は二つに意見が分かれた。「さて、あと一月半もすると……」と「ある日のことでした。ガヤガヤからずっとずっとはなれた、ある小さな町で、……」である。

教師①　それぞれ発端と考える根拠を発表しよう。

子ども　「ある日」から始まる部分が発端だと思います。「ある日のことでした。」と描写的に書かれているからです。

子ども　私も「ある日」から始まる部分だと思います。ここでの事件は世界でいちばんやかましい音を王子様にプレゼントするはずが、そうならずに沈黙してしまったことなので、それはこの部分に出てくる一人のおくさんがきっかけになっているからです。

子ども　確かにおくさんの考えがきっかけとなって沈黙が広がることになったけれど、それは世界中の人が同時にどなるという提案をしたことから始まっているので、発端は「さて、」から始まる部分だと思います。

子ども　私も同じです。「さて、あと一月半も……ある日、……」とここも描写的に書かれています。

全世界の人が同じ時刻にいっせいにさけぶという考えを王子様が提案したことからこの事件は始まっている、という意見で子どもたちは納得した。

「クライマックス」については、①「十五秒前……十秒前……全くのちんもくでした。」②「この町の歴史が始まって以来、初めて、……」③「まさかと思いましたが、まちがいありません。……庭の方を指差していました。」の三つに意見が分かれた。

①と②は、全世界なのかガヤガヤの町なのかで場所は違っているものの、世界でいちばんやかましい音がどうなったかという結果（全くのちんもく）が書かれているという点では同じである。②では「この町の歴史が始まって以来」という表現を大きく変化していると考えた班があった。③では、「結果はちんもくなのだけれど、ここでは王子様の音に対する考え方の変化をクライマックスととらえるべきである。前はやかましい音をひたすら求めていた王子様が、ここからは静かで平和なことに喜びを感じるように変わっている。」という意見が出された。王子様の音に対する考え方の大きな変化こそを事件ととらえるべきあり、クライマックスは③で決着した。

参考文献

1　阿部　昇『徹底入門・力をつける「読み」の授業』一九九三年、学事出版

2　読み研編『科学的な「読み」の授業入門・文学作品編』二〇〇〇年、東洋館出版

3　阿部　昇「物語・小説の〈鍵となる部分〉を発見させるための授業づくりの方法」『国語授業の改革6　確かな国語力を見につけさせるための授業づくり』二〇〇六年、学文社

【物語・小説の新教材】

6　中学校の新しい小説教材で思考力・判断力・表現力を育てる
――「星の花が降るころに」（安東みきえ）のクライマックスを読む［光村図書一年］

岩崎成寿（京都府・立命館宇治中学校・高等学校）

1　教材の概要

中学一年生の「わたし」は、小学校以来の親友だった「夏実」と、小さなすれ違いをきっかけに仲直りできないでいた。ある日、意を決して声をかけたものの、タイミングが悪く無視される形になる。その時、「わたし」は落胆する自分の様子を、「戸部君」が見ていることに気づく。普段から彼に反感を抱いていた「わたし」は、弱みを握られたと思い、「どこまでわかっているのかを」探るために、放課後、サッカー部に所属する彼を探す。校庭の隅で黙々とボールを磨く彼の姿を見ているうちに、「わたし」は自分が考えていたことを「ひどく小さく、くだらないこと」と考える。そして、弱みを握るどころか、冗談を言って笑わせてくれる彼に対し、背丈が「いつのまにかわたしよりずっと高くなっている」ことに気づく。

学校からの帰り道に、「わたし」は「夏実」と「二人だけの秘密基地」であった公園にある銀木犀の木陰に入る。そこで、掃除をしていた「おばさん」から、常緑樹は「どんどん古い葉っぱを落っことして、その代わりに新しい葉っぱをはやすんだよ。そりゃそうさ。でなきゃあんた、いくら木だって生きていけないよ」と言われる。その言葉に触発された「わたし」は、「夏実」との関係修復に執着していた考え方を見直し、他の友人ができる可能性を含めて、「どちらだっていい。大丈夫、きっとなんとかやっていける」と決意を新たにする。

2 教材の研究

(1) 作品の構成

この作品を〈導入〉〈展開〉〈山場〉の三部構成と読んだ。

○冒頭　銀木犀の花は甘い香りで、―（90頁1行）
導入部
○発端　―ガタン！―（90頁6行）
展開部
○山場の始まり　学校からの帰り、―（96頁12行）
山場の部
◎クライマックス　ここでいつかまた夏実と～大丈夫、きっとなんとかやっていける。（97頁17行～98頁3行）
○結末＝末尾　―わたしは銀木犀の木の下をくぐって出た。（98頁4行）
事件の流れ

(2) 教材で身につけさせる国語の力

本稿では、「小説の事件を読む」ための具体的方法を提示し、特に「思考力」を育てることに焦点化する。

阿部昇は小学校中学年を対象とした「事件を読む」方法として、以下の項目を提案している。

①展開・山場の「事件の発展」部分（文）に「人物の見方・考え方の変化」という点で着目し、読みひらく。

〔中略〕

④右の①～③の着目・読みひらきをクライマックスを意識しながら行う。〔中略〕

⑧クライマックスを読みひらきながら「事件の発展」を文脈で読み直し、事件の流れ（人物の変容を含む）の一貫性や変化を把握する。

（阿部昇「物語・小説の形象・レトリックの系統性を解明する」『国語授業の改革10』二〇一〇年、学文社）

これらの指標は、「事件とは何か」「クライマックスから見た事件の意味は何か」を実践的に明らかにしており、中学生以上にも有効な方法である。

(3) 〈展開〉〈山場〉の事件を読む

この作品の〈展開〉においては、「わたし」と戸部君との相互の「人物の見方・考え方の変化」に着目し、「クライマックス」との関連を考えることで、「事件の発展」を読むことができる。

a　戸部君は「わたし」をどう見ているか

①「机にいきなり戸部君がぶつかってきた」「おれがわざとぶつかったみたいだろ」「あいつらがいきなり押してきて」（90〜91頁）から、「戸部君」は「わたし」に好意を寄せていると読める。彼は「わたし」に好意を持っていることを「あいつら」に話したか、気付かれたかしたため押された可能性が高いのである。また、「宿題をきこうと思って来た」には、宿題をきっかけにして仲良くなりたいという彼の思いが見受けられる。

②「戸部君はいつもわたしにからんでくる」「同じ塾に入ってくる」（91頁）から、「わたし」は自覚化できていないが、彼は好意を持っている可能性が高い。

③「教室の中の戸部君がこちらを見ていることに気づいた」（93頁）から、質問を拒否された後も「わたし」の行動を観察していたことがわかる。戸部君は二人の関係が気まずくなっているのを気づいているかも知れない。気づいていなければ、「わたし」の動揺に疑問を持ち何か聞いてくるはずでる。しかし、その話題に一切触れないということは、逆に気を遣っている可能性もある。直後に冗談を言うところも、ある種のなぐさめであるとも取れる。

④「おまえはおれを意外とハンサムだと思ったことが」（96頁）は、「相手が自分に好意をもつ」という意味を言い換えているわけであり、彼が「わたし」に好意を持っていることの裏返しであると読める。

b　「わたし」は戸部君をどう見ているか

①「にらんだ」「わけがわからない」「格好よくない」「かかわり合っている暇はない」（91頁）「繊細さのかけらもない」「にくらしくてしかたがなかった」（94頁）から、彼は当初「わたし」にとってうっとうしい存在であった。

②「わたしだってわからない」（91頁）には、「問題の意味がわからない」と「戸部君の行動の意味が分からない」との二重の意味が込められている。直後の「小学生のころからわからないままだ」から読みとれる。

③「なんだか急に自分の考えていたことがひどく小さく、くだらないことに思えてきた」（95頁）とあるが、「自分の考えていたこと」とは「戸部君を繊細さがなく、他人の弱みを言いふらす人間と見ていたこと」と「夏実との関係にこだわっていること」の二つの可能性が

ある。それが「ひどく小さく、くだらないことに思えてきた」のは、「戸部君」のボールを磨く姿に自己中心的ではない、思いやりある行動、「繊細さ」を見出し、自分の見方が的外れであったことに気づき、そういう自分を責める気持ちが生じたためであろう。

④「ずっと耳になじんでいた声だからすぐわかる」（95頁）から、声に親しみを感じていることがわかる。それまで「わたし」は、①で指摘したように「戸部君」のことを否定的に捉えていたが、ここでは、明らかに「戸部君」への見方が変化している。

⑤「わたしより低かったはずの戸部君の背はいつのまにかわたしよりずっと高くなっている」（96頁）には、「背が高くなっている＝戸部君を異性として意識し始めている」という暗示が読める。特定の同性の友達との関係にこだわっていた「わたし」が、異性の友達との新しい関係を発見し始めたのである。

⑥「やっぱり戸部君って、わけがわからない」（96頁）は、前の「わけがわからない」と対応している。しかし、その言葉に込められた意味が肯定的に変化している。

⑦「わたしはタオルを当てて笑っていた。涙がにじんできたのはあんまり笑いすぎたせいだ、たぶん」（96頁）で、涙がにじんだのは、おかしさで笑いすぎたせいでもあるが、「戸部君」が最初考えていたような、繊細さの欠けた、弱みを握るような人間ではなく、それどころか冗談を言ってなぐさめてくれる人であったことがうれしかったためとも取れる。しかし、「わたし」はそのことをはっきりと自覚しているわけではない。「たぶん」からもそれが伺える。

⑧「戸部君」との一件は、「夏実の他には友達とよびたい人なんてだれもいないのに」（93頁）と考えていた「わたし」に新しい友達の発見をもたらしたと言える。それが布石となり、クライマックスの「それとも違うだれかと拾うかもしれない」（97～98頁）につながる。

c　クライマックスの読みをふまえた事件の発展の把握

①「わたし」は、「夏実」との思い出の花びらを「土の上にぱらぱらと落とした」後、「ここでいつかまた夏実と花を拾える日が来るかもしれない。それとも違うだれかと拾うかもしれない。あるいはそんなことはもうしないかもしれない。／どちらだっていい。大丈夫、きっとなんとかやっていける」（97～98頁）と考える。

②「ここでいつかまた夏実と花を拾える日が来るかもしれない」から、夏実との関係を再度作り直す可能性を捨てていないことが読める。しかし、「どちらだっていい」から、そうならなくてもかまわないという思いもあることがわかる。それまで「夏実の他には友達とよびたい人なんてだれもいないのに」と考えていた「わたし」の明らかな変化である。

③「それとも違うだれかと拾うかもしれない」からは、「夏実」以外の友人ができることへの期待が読める。当然、「戸部君」もその一人であるし、人間に対する見方が未熟であったことの自覚から、新しい友人の誕生への期待が伺える。恋愛感情の萌芽とも言える。

④「あるいはそんなことはもうしないかもしれない」からは、花を拾うという行為、子どもっぽい遊びからの卒業という意味が読める。

⑤花びらを「土の上にぱらぱらと落と」す行為は、「おばさん」の「どんどん古い葉っぱを落っこと」すという言葉に対応している（97頁）。ここでは、「夏実」との関係をいったんリセットするという意味か。「古い葉っぱを落とす」＝友人関係が終わる、「新しい葉っぱを生やす」＝新たしい友人関係が始まるという対応関係になっている。もしくは、「古い葉っぱ」＝過去の自分の考え方、とも読める。そして、「でなきゃあんた、木だって生きていけない」＝そうしなければ人は生きていけない、という構図である。「おばさん」の言葉によって「わたし」は友人のあり方を教えられた。少なくとも、「わたし」はそう解釈した。

⑥末尾の一文「わたしは銀木犀の木の下をくぐって出た」（98頁）は、「どんなことからも木が守ってくれる」場所であった「二人だけの秘密基地」から抜け出したことを暗示している。

⑦以上のクライマックスの読みをふまえて事件の流れを概観すると、「わたし」の変化には二つの要因が関係していることがわかる。「戸部君」の影響と、「おばさん」の言葉である。「戸部君」という新しい友人の誕生があったからこそ、「おばさん」の言葉から「人はいろいろな友人とのかかわりの中で成長していくものだ」という示唆を受けたと言える。もし、「戸部君」との一件がなければ、「おばさん」の言葉は聞き逃してしまったかもしれない。

3　指導計画

全五時間（1〜5）での授業化を構想した。語句の意味調べは事前の宿題に設定する。

1　範読、宿題確認、語句取り立て指導、初発感想

2　構造よみ

3　形象よみ（展開）

4　形象よみ（山場）

5　吟味よみ（作品批評―文章化）

次に、〈展開〉での主な指導言を提案する。

この物語の事件は、「わたし」と「戸部君」の相互関係の変化によって構成されている。相互関係とは、お互いに相手をどう見ているかということである。したがって、この作品において事件を読むとは、両者の相手への見方がどうであったのか、どう変化したのかを読むことに他ならない。そこで、次の順序で指導言を組み立てる。

①「戸部君」は「わたし」をどう見ているのか。

＊それが読み取れる箇所に線引きしなさい。

＊総合すると何が読めるか。

②「わたし」は「戸部君」をどう見ているのか。それはどう変化しているのか。

＊それが読み取れる箇所に線引きしなさい。

＊総合すると何が読めるか。

＊「わたし」の戸部君への見方の変化は、クライマックスにどう関係するのか。

4　クライマックスを読む授業―授業記録

二〇一一年六月八日（水）、高校一年生有志（男子二名）と教材分析会を行った。以下の記録は、その際のやりとりであるが、紙幅の関係で一部省略・加筆した。

教師①　今日は「わたし」からみた戸部君像を読んでいきます。最初は戸部君のことをどう見ていた？

子ども　「にらんだ」とあるので、うっとうしい存在。

子ども　みんなの前で何をいいだすかわからない。言いつけ魔みたい。繊細さがない、と見ている。

子ども　二回、「わけがわからない」と言ってる。

教師②　なるほど。最初のは何が「わからない」の？

子ども　サッカー部の子どもとふざけあっていて、すぐに本気のけんかになること。

教師③　乱暴だってことだね。二回目は？

子ども　「あた《ママ》かもしれない」って冗談を言ったこと。

教師④　この二つの意味は同じ？

子ども　少なくとも二回目はそこまで悪い意味じゃない。

教師⑤　最初のはかなり否定的な言い方。二回目は？

子ども　面白い。あきれた。少なくとも悪い意味はない。

教師⑥　小説では同じ表現が何回か出てくることがあるんです。ここでは意図的にわけがわからないって言葉を二回使っています。だけど、意味が変わっているんですね。実は、戸部君への見方があるところで変わる瞬間があるんですよ。それはどこですか。

子ども　「なんだか急に自分の考えていたことがひどく小さく、くだらないことに思えてきた」というところ。

教師⑦　では、何で見方が変わったのか。自分の考えていることが変わったきっかけは何ですか。

子ども　ボール磨き。

教師⑧　そうやな。ではなぜボール磨きを見ると自分の考えていたことが小さくくだらなく思えるの？

子ども　……

教師⑨　ボール磨きはどういう人がやる？

子ども　補欠とか、一年生とか。

教師⑩　「わたし」はボール磨きをどう見たの？

子ども　縫い目が弱いから、グリスを塗ってやらないとだめ、と戸部君が言っていた。

教師⑪　それに「わたし」はどんな意味を見出した？

子ども　……

教師⑫　今までの戸部君像と、ボールを磨いている戸部君像は何が違う？

子ども　一生懸命にやっている。

教師⑬　うん、一生懸命さね。当然それもあるかもしれない。もっと読める。繊細さのかけらがないとか、弱みを握られた気分とあったが、それが今までの戸部君像だった。それとボール磨きはどうつながる？

子ども　日陰もないところで、熱心にやっている。

教師⑭　それもあると思いますよ。……ボール磨きは何のためにやっているの？

子ども　ボールがほころびないようにやっている。

教師⑮　その裏にはどういう考え方があるの？

子ども　使いたいときだけ使って手入れをしないのはだめという考え方。

子ども　戸部君は繊細さを持っている。

教師⑯　そもそもボール磨きは誰のためにやっている？
子ども　他人のため。チームのため。
教師⑰　もちろん、一年生だからやらされている面があるかもしれない。でも、日陰もない暑いところでボールを磨く戸部君を見て、繊細さのかけらもないという見方が変わった。他人の弱みを言いふらすと思っていたけど、他人のために一生懸命やっている。自分さえよければいいという人ではないのは感じるね。
教師⑱　では、「自分の考えていたこと」は何を指す？
子ども　戸部君が「わたし」の弱みを言いだすんじゃないかという考え。
教師⑲　「わたし」の戸部君像を指しているね。他は？
子ども　夏実とうまくいかず、それをひきずっている。
教師⑳　そうだね。その両方が考えられます。
教師㉑　ところで、前に、戸部君は「わたし」のことが好きなのではないか、と読んだけど、「わたし」はそれに気づいていると思う？
子ども　気づいていない……。
教師㉒　これで恋が芽生えるでしょうか？
子ども　そこまではいかない。それを表す言葉がない。
教師㉓　とすると、「わたし」と戸部君の関係はどういう関係になったの？
子ども　友達関係。
教師㉔　そうすると、戸部君に対する「わたし」の見方が変わったことは、前にクライマックスとして読んだ、夏実へのこだわりを捨てることにどうつながる？
子ども　戸部君が夏実の代わりになるかも知れない。
教師㉕　それはどの言葉からわかる？
子ども　「それとも違うだれかと拾うかもしれない」からわかる。
教師㉖　なるほど。そうすると、「わたし」の中では、夏実ともう一度花を拾えるかもしれないという選択と、違う誰かと、別の友達と花を拾うかもしれないという可能性を感じているわけやな。これは誰かというと、話の流れからすると戸部君のことが出てくるね。戸部君が、親友まで行くかわからないけれど、夏実に代わる人の可能性があるということだね。彼女が「どちらだっていい。大丈夫、きっとなんとかやっていける」と思えた一つのきっかけに、戸部君との関係があったことが読めます。

【説明的文章の新教材】

7　小学校の新しい説明的文章教材で思考力・判断力・表現力を育てる・低学年
――「だれがたべたのでしょう」の文章構成を読む［教育出版一年］

志田裕子（秋田県八郎潟町立八郎潟中学校）

1　はじめに

教材「だれがたべたのでしょう」は入門期である一年生が初めて出会う説明文である。

全文八ページの教材であるが、教科書作りには仕掛けがある。それは、ページを開くと答えが出てくるという構成上の仕掛けである。また、問いの文、答えの文と対応して、写真が示されているため、文章を読まなくても写真だけ見ても内容が理解できるような構成になっている。

これに類する教材として光村図書の「くちばし」、東京書籍の「どうやってみをまもるのかな」などがある。

子どもたちは、謎解きが大好きである。問いが出され、答えを考える楽しさ、答えを知る楽しさが、思わず次のページをめくりたくなる、読みたくなる意欲の高まりへとつながる。入門期から、確かな言葉の力をつけるための指導を位置付けることが大切である。教材のよさを生かした授業を構成していきたい。

2　教材の研究

「ねずみ」「りす」「むささび」の食べ物・食べ方の秘密を説明した三つのまとまりと、全体をまとめる文章で結ばれた説明文である。題名「だれがたべたのでしょう」をこの説明文で説明されていることを端的に示した話題提示と考えると三部構成とも言えるのだが、入門期である一年生にとっては、四つの「まとまり」から構成された説明文と指導したい。

「ねずみ」の食べ物・食べ方についての説明は次のと

おりである。

①あなのあいたくるみのからが、おちています。
②だれが、くるみをたべたのでしょう。
③ねずみが、くるみをたべたのです。
④ねずみは、からにあなをあけて、なかみをたべます。
※①〜④ 説明のために志田が付けたもの

入門期である一年生の段階では、「文」の理解を大切にしたい。そこで、文の役割を読み取る学習を意識して行いたい。四つの文の役割を考えてみる。

①あなのあいたくるみのからが、おちています。

写真にある「くるみ」の説明。つまり、食べ物の様子を説明している。これは、食べ方のヒントにもつながる一文であり、④の文と対応していると言える。

②だれが、くるみをたべたのでしょう。

問いの文である。主語が「だれが」であることから問いであることにはすぐに気付く。文末が「〜のでしょうか。」という「か」のついた文末であると、より問いの文であることが明確になるが、ここでは「か」を省略した形で「〜のでしょう。」となっている。

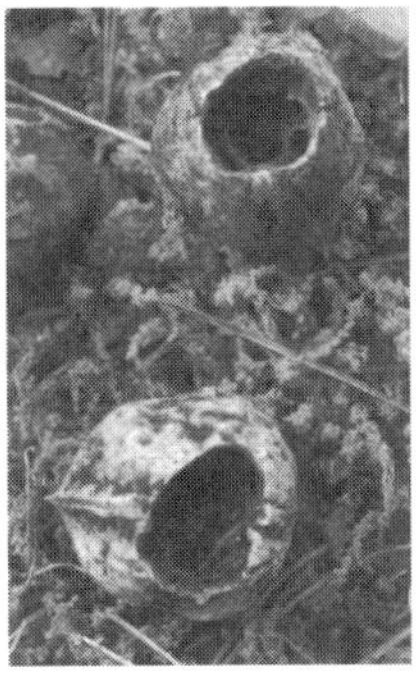

①②この二文が表現した「くるみ」の写真が、同じページにあり、写真も問いの役割を担っている。

③ねずみが、くるみをたべたのです。

答えの文である。②の問いの文に対応した答えの文である。「だれが」と問い、「ねずが」と答えている。また、文頭・文末表現は、「ねずみが、〜たべたのです。」これも問いに対応している。

④ねずみは、からにあなをあけて、なかみをたべます。

第①文に対応する表現である。つまり、①文で「あなのあいたくるみ」と説明していた。第④文で、なぜくるみに穴が空いていたのかを説明しているのである。それは、ねずみのくるみの食べ方の説明にもつながっている。そして、ねずみが、くるみを食べている写真が載っており、写真も答えを示しているのである。

この四つの文で一つのまとまりを作っている。

「りす」「むささび」についての説明も文の構成・文の役割が同じになっており、入門期である一年生にとっては目配りの行き届いた文章と言える。

さらに、「終わり」のまとまりは、次の二文で文章を結んでいる。

> 山やもりでは、いろいろなたべあとがみつかります。たべあとをよくみると、どんなどうぶつがくらしているかがわかります。
>
> （※――説明のために引用者が付けたもの）

「いろいろな」「どんなどうぶつ」などの言葉から、四つのまとまりで説明されたことをまとめていることが分かる。さらに最後のページには、三枚の写真が載せられており、どんな動物が、どんな食べ物をどのように食べているのか調べてみたいという気持ちを高める工夫があると言える。

教室の言語環境として、他の動物の食べ物を説明した図鑑や図書をそろえておくことにより、教材を読みながら並行読書をする子どもの姿も自然に見られると思われる。

3 授業の構想

教材「だれがたべたでしょう」を単元化するにあたり次の三つのことを提案したい。

① 文章構成を読み取る

入門期における構成指導として「まとまり」を読み取ることを大切にしたい。文の役割を読み取り、「まとまり」を読み取る。

② 読み書き関連指導

単元の後半に簡単な説明文を書く学習を位置付ける。子どもたちにとって説明表現との出会い、そして「まとまり」を読み取るという学習は初めての学習となる。「問い」と「答え」の表現を丁寧に読んだだけで単元の学習を終えるのではなく、実際に自分の表現として使うことで定着につながる。読み取ったことを表現するという学習を意図的に位置付けたい。

③ セット教材を位置付ける

少し典型から外れた説明文をセット教材として、子どもたちに出会わせたい。ここでは、「どうぶつのはな」（東京書籍一年上）を提案したい。「どうぶつのはな」は、三つのまとまりから構成されているが、最初のまとまりには「問い」が書かれていない。その代わりに最初のまとまりだけ、紙面一ページを使った写真が載っている。写真が「問い」の役割を担っていると言えるのである。子どもたちは、写真のような非連続テキストを想像力豊かに読むことができると考える。

4　この教材で身につけさせる国語力

写真や文章との関係、文末表現を手がかりにして「問い」と「答え」を読み取り、さらに文章がどのように構成されているのか「まとまり」として文章を読む力をつけたい。

〈第一次〉「だれがたべたでしょう」を読もう

・写真や文章との関係、文末表現を手がかりにして「問い」と「答え」を読み取る。

・「問い」と「答え」の文に着目し、「まとまり」を読み取る。

〈第二次〉説明文を書こう

・「だれがたべたでしょう」で学習した「問い」と「答え」の書き表し方を活用して、簡単な説明文を書く。

〈第三次〉「どうぶつのはな」を読もう

・「だれがたべたでしょう」で学習したことと関連づけて「問い」と「答え」を読み取る。

5　文章構成を読む授業

写真や文章、文末表現に着目して「まとまり」を読み取り、さらに文の役割に着目し「問い」と「答え」を読み取ることをねらった授業のシミュレーションを以下に示す。

※初読の後に子どもたちの感想を集めておくとよい。学習のねらいに迫るヒントがあることが多い。

教師①　みんなの感想には、「なぞなぞみたいなお話」「問題が出てくるよ」というのがあったけど、どの文が問題になっているのかな?

子ども　「だれが、くるみをたべたのでしょう。」です。

子ども　「だれが、まつぼっくりをたべたのでしょう。」も問題です。

子ども　「だれが、木のはをたべたのでしょう。」も。

教師②　どうして問題を出してるって分かる?

子ども　「だれが」って聞いているから

子ども　「だれが」って聞いて、次のページで「ねずみが」って答えが出てるから問題ってわかる。

子ども　算数の問題も同じで、文の終わりが「～でしょう」てある。これは「?」(ハテナ)がかくれてること。

子ども　「～でしょうか?」って聞いているのと同じ。

教師③　「だれが」という言葉、それから文の終わりの「～でしょう」を読むと問題って分かるね。国語では、これを「問い」と言います。

教師④　でも、「問い」この文がなくても説明文のお話は通じるよね。この「問い」はどうしてあるとよいのかな、考えてみよう。

子ども　なんか、わくわくするでしょ。

子ども　答えを早く知りたくなる。

子ども　次のページに答えがあるから、早く読みたくなる。次のページが開きたくなる感じ。

教師⑤　「問い」の文がなくても説明できるけど、「問い」があると、答えが知りたくて、早くページを開きたくなって、読む楽しさがいっぱいになるんだね。「問い」のよいところだね。

「問い」と「答え」を読み取ることだけで学習を終わりにするのではなく、「問い」の効果についても考えさせたい。授業シミュレーションの教師④の問いかけである。実は、「問い」がなくても説明はできるのである。が、「問い」があることにより、読者は答えを知りたくなるのである。つまり、次のページを開く楽しさが何倍にもなり、読む意欲が高まるという効果があるのである。これは、表現の工夫である。

文章を正確に解釈し読み取る学習と、その文章の書かれ方を評価する読みを同時に位置付けることにより、読みが一層豊かになる。それは、筆者の表現意図に迫る読みとなるからである。さらに、そのように読み取ったことは、自分の表現へと生かすことができるのである。「読むこと」と「書くこと」をつなげていく学習を意識することが大切であると考えている。

6　おわりに

平成一八年から一九年の二年間、私は、秋田大学の阿部昇教授と共に小学校低学年における説明的文章指導についで共同研究をした。低学年から構成を読み取り、さらに評価的読みを同時に位置付ける学習を意識して行うことが、読みを豊かにすることに有効であることを実感できた二年間でもあった。

楽しく読むこと、知らなかったことを知る楽しさだけで説明文の学習を終えるのではなく、入門期からこそ、読みの力をつけるための学習を積極的に位置付けていくことが大切であると考えている。

文の理解。文の役割。そして、「まとまり」として文章をとらえること。これらのことを第一学年という入門期でしっかりと理解させたい。そうすることで、次の学年では、「はじめ・なか・おわり」という説明文の基本構成を読み取ることへと学習を発展させることができる。

さらに、「まとまり」を読み取るだけでなく、「まとまり」を捉えることのよさについても評価的読みとして位置付ける。子どもたちは、長い文章であっても、いくつかの「まとまり」に分けて読むと分かりやすくなるということを指摘した。どんなに長い文章でも「まとまり」で捉えることにより、文章全体のつながりが明確になり正確に読み取ることへつながるのである。学年が上がり、構成の複雑な文章に出会っても「まとまり」と「まとまり」の関係を捉えること、「まとまり」と全体を関係づけることにより筆者の主張の論理が読めてくるのである。

また、低学年において、文章の書かれ方の工夫を読み取る評価的な読みは、高学年における吟味して評価する読みへと発展させることができる。

一年生だから無理をさせずにという配慮は確かに必要だが、六年間という系統を視野に入れ、構成指導、そして評価的読みを教科内容に位置付けることは有効であると考えている。

【説明的文章の新教材】

8　小学校の新しい説明的文章教材で思考力・判断力・表現力を育てる・中学年
――「『ゆめのロボット』を作る」（小林宏）を吟味する［東京書籍四年］

臺野芳孝（千葉県千葉市立海浜打瀬小学校）

1　教材の概要

「『ゆめのロボット』を作る」は、前半4ページが「わたしの『ゆめのロボット』」というインタビュー記事、後半4ページが「『着るロボット』を作る」という説明文で構成されている。

前半のインタビュー記事の質問者は不明であるが、インタビューを受けているのは、「『着るロボット』を作る」の筆者の小林宏氏である。インタビュー記事と説明文をどのように関連付けながら読み解いていくのかがポイントとなる教材の配列である。

「わたしの『ゆめのロボット』」では、筆者の小林宏氏に、ロボットとは何かから小林氏の研究の内容、これからのロボットについての思いについて、インタビューが行われている。

後半の「『着るロボット』を作る」という説明文では、小林氏の研究している具体的なロボット「マッスルスーツ」と「アクティブ歩行器」の二つを紹介しながら、小林氏の考える「人の役に立つ機械」としてのロボットについて述べている。

PISA型読解力をつけるために、複数テキストを関連付けさせながら読み解いていく教材としては、説得力のある構成となっている。インタビューを受けている人物と説明文の筆者が一致していることで、この筆者のものの見方・考え方や、筆者が自分の仕事についてどんな価値観をもっているのか、筆者の願いなどが、より立体的に浮き出して読み取ることができる。

2　教材の研究①

タイトル「わたしの『ゆめのロボット』」の前に、「［インタビュー記事］ロボット研究者・小林宏さんに聞く」と書かれている。小林氏に関する情報としては「ロボット研究者」だけである。そして、いきなり質問から入り、小林氏が答えたことを書いている。

質問は六つ。それに対して小林氏が二～六文で答えている。質問に対する答えの柱の文を探すことで、インタビューの骨子がはっきりする。

質問①ロボットって何なのか？
答え①「人の役に立つ機械」。

質問②今、研究されているのはどんなロボットか？
答え②「着るロボット」についての研究。

質問③なぜ「着るロボット」を作ろうと思ったか？
答え③少しでも多くの人の役に立つ機械を作りたいと思って研究した結果。

質問④「着るロボット」は、他とどこがちがうのか？
答え④身に着けるので、人間とのきょりはほとんどなくなる。

質問⑤きょりが近づくことでむずかしいことは？
答え⑤直接ふれる機械の開発はたいへん。

質問⑥これからのロボットについての考えは？
答え⑥気持ちや心の面でも人間を助け、人といっしょになって働く機械になるべき。それが「ゆめのロボット」だ。

小林氏の答えをつなぎ合わせてインタビューの内容を、要約すると次のようになる。

> 小林さんは、少しでも多くの人の役に立つ機械、人ときょりの近い「着るロボット」を研究している。開発はたいへんだが、気持ちや心の面でも人間を助け、人といっしょになって働く機械を研究している。それが「ゆめのロボット」だ。

3　教材の研究②

説明文「『着るロボット』を作る」の構造は次の通り。

（二重四角は「柱の段落」、下の文は「柱の文」）

始め	1 わたしは、人間の動作を助ける、「着るロボット」の研究を進めてきました。

中Ⅰ（マッスルスーツ）	2「マッスルスーツ」は、人工筋肉の力を借りて、重いものを持ち上げる働きをするロボットです。 3 4
中Ⅱ（アクティブ歩行器）	5一方、「アクティブ歩行器」は、体の不自由な人の歩行を助けるために開発したロボットです。 6 7 8
終わり	9このように、「着るロボット」には、自分の体を自分で動かしたいという人の気持ちにこたえたい、心の面でも人を助けたいという願いがあるのです。

次に、要約文を作る。柱の文をノートに書かせ、不要な言葉をカットし、接続詞を必要最低限にし、敬体を常体にするなどして、要約文を作る。

【要約文】
わたしは、「マッスルスーツ」や「アクティブ歩行器」の研究を進めてきた。このような「着るロボット」には、人の役に立つだけでなく、人の気持ちにこたえたい、心の面でも人を助けたいという願いがあるのだ。

4　この教材で身につけさせる国語の力

説明文については、「吟味よみ」を行う。書かれている内容についていくつかの観点から検討するのが「吟味よみ」である。「吟味よみ」では、「構造よみ」や「論理よみ」で文章を要約し内容把握していく段階とは異なり、例示の妥当性や説明の方法、筆者の態度などを細かく検討する段階である。「吟味よみ」をすることで、子どもの思考力・判断力・表現力を高めていくことができる。

今回の授業案では吟味よみの観点を次のように子どもに提示した。

> 吟味よみの観点
> ① 文章の優れた点は何か。
> ② わかりにくい点はないか。
> ③ 書かれていることで、おかしなところはないか。
> ④ 書かれていることの傾向から、作者のものの見方・考え方をよむ。

①について　主張の仕方の違い

インタビュー記事では、質問に対する答えの柱は後半にある。それに対して、説明文では、まず柱を述べてから、例示や説明を行っている。音声言語の場合は、結論から入らずに相手の理解を促しながら話すことで分かりやすい説明になるように配慮している。文字言語の場合は、結論を先に述べる方法で読み手の興味を引くようにしている。どちらも明快で分かりやすい説明といえるだろう。

②について　文字テキストを図にする

文章から情報を図示することで、分かりやすくする。インタビュー記事は、説明文の前段になっている。ここで述べられているのは、小林氏の研究しているロボットを一般的に考えられているロボットと比較しながら、読者にイメージさせるという役割をもっている。

辞書によるロボットの説明の中で「人造人間」ではなく「人に役立つ機械」であること、「産業用ロボット」「パーソナルロボット」よりも人間に距離の近い「着るロボット」であることを述べている。これを図示して説明させることを授業で行うとよい。

質問①のロボットとは何かについては、辞書的な意味から説明をしている。また、「人造人間」という子どもが想像しがちな話題も取り上げながら「空想」と「現実」という言葉で対比させ、「人に役立つ機械」という結論を導いている。

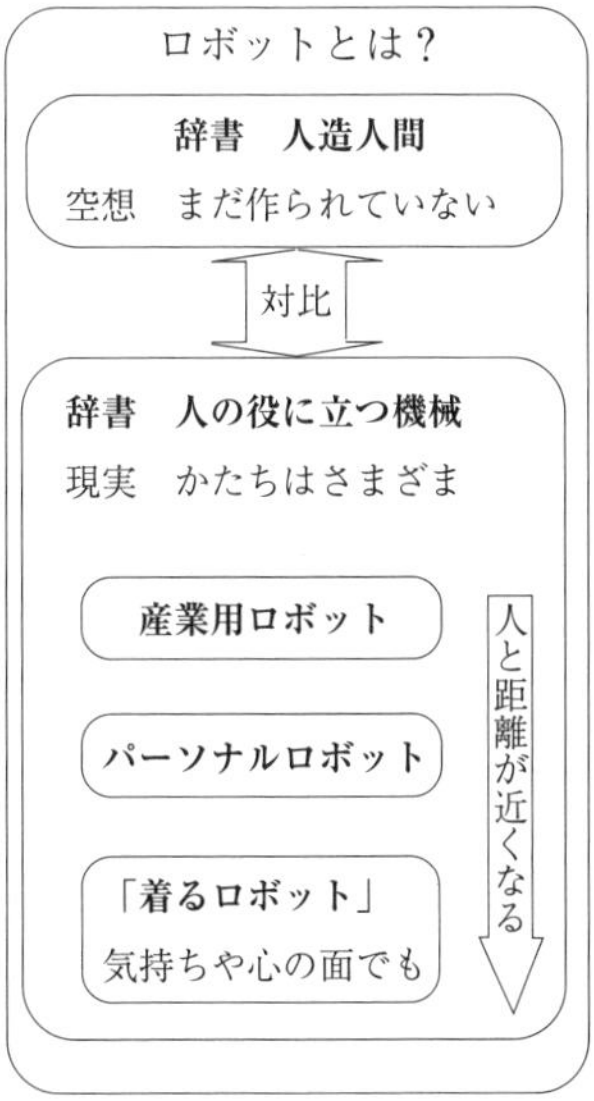

③について「辞書的な意味」「人の役に立つ機械」を吟味

「わたしの『ゆめのロボット』」（インタビュー記事）は、『「着るロボット」を作る』（説明文）と組み合わせて読み取ることも大事である。

辞書で実際に「ロボット」と引いてみると、『広辞苑』では「①複雑精巧な装置によって人間のように動く自動人形。人造人間。②一般に、目的とする作業を自動的に行うことのできる機械または装置。（以下略）」とある。

では、「マッスルスーツ」や「アクティブ歩行器」は

「ロボット」なのであろうか。小林氏のいう「人の役に立つ機械」ということは、「ロボット」本来の意味ではない。世の中の機械すべてが「人に役立つ機械」であるといっていい。掃除機・エアコン・洗濯機……。「自動的に」仕事をすることこそ「ロボット」の本意であるといえる。

④について　「マッスルスーツ」と「アクティブ歩行器」

⑥・⑦段落では、「アクティブ歩行器」が「脳の病気のため、自分で体が動かせない方」や「体の半分がまひしている」人が、歩けるようになったことを述べている。ロボットの研究が、働く人のサポートから、体の不自由な人のサポートへと、「テレビ番組」をきっかけにかわっていったということが読み取れる。インタビュー記事「わたしの『ゆめのロボット』」の質問③の答え「初めからこんなロボットを作ろうと考えたというより、少しでも多くの人の役に立つ機械を作りたいと思って研究した結果だった」ことが、ここで重なると言えるだろう。

5　指導計画

全十時間の指導計画である。

第一次（表層のよみ）インタビュー記事＋説明文
第1時　質問番号をつける　段落番号を打つ
　意味調べ　新出漢字　感想を書く
第2時　感想を発表し合う
　音読練習（家庭学習を含む　最低十回）
第二次（深層のよみ）インタビュー記事「わたしの『ゆめのロボット』」
第3時　質問に答えているのはずばり何番目の文か。
　質問①〜③の答えを探す。
第4時　質問に答えているのはずばり何番目の文か。
　質問④〜⑥の答えを探す。
第三次（深層のよみ）『着るロボット』を作る」
第5時　構造よみ（始め・中・終わり）
　（「中」を「中Ⅰ」「中Ⅱ」に）
第6時　論理よみ（始め・中Ⅰ・中Ⅱ・終わりから
　柱の段落を決定する）
第7時　論理よみ（柱の段落から柱の文を決定する）
第8時　論理よみ（柱の文をつなげて要約文を作る）
第四次（深層のよみ）（二つのテキストの関連をよむ）
第9時　吟味よみ（インタビュー記事と説明文か

らおかしなところをよむ）

第10時　吟味よみ（終わりの感想を書き話し合う）

6　授業展開【第9時】

「『着るロボット』を作る」の吟味よみの段階である。構造よみ、論理よみと、小林氏の考えを受け入れ、内容をしっかりと読み取った段階で、書かれていることを吟味する。実際に書かれていることの事実や主張を読み取っていく。

　発問として、「実際に『ロボット』を辞書で引いて『マッスルスーツ』と『アクティブ歩行器』について考えよう」と問う。小林氏のいうロボットの「辞書的な意味」と、実際の辞書に書いてあることとを比べることで、子どもたちは、言葉の意味のズレを発見する。

　「人の役に立つ機械」と「自動で動く機械」とでは、意味が異なっている。実際に小林氏は辞書を引かず、自分の考える辞書的な意味としてロボットは、「人の役に立つ機械」と言っている。小林氏のつくる「ロボット」は、人の動きを手助けするものである。自動で動くことはない。小林氏は、「新しいロボット」、つまり「人間の動きをサポートする」機械を研究しているのだということがわかる。その意味では、「ロボット」の新しい分野を作っているといえるのか、「人の役に立つ機械」をつくっているといえるが「ロボット」ではないではないか、読み手の意見が分かれるところであろう。

　「自動で動く」ことがゴールなのかもしれない。体のマヒした人の手足を自由に動かすことができるようになるには「マッスルスーツ」や「アクティブ歩行器」は、小林氏の考える「ロボット」の途中の段階なのであるとも言えるだろう。

7　文章を吟味する授業―授業記録【第9時】

（二〇一一年七月千葉市立海浜打瀬小学校にて行った授業である。）

教師①　では、今日は吟味よみをしていきます。今日はおもしろいですよ。

（板書）書かれていることで、おかしなところはないか。

読んでみましょう。さん、はいっ。

子ども　書かれていることで、おかしなところはないか。

教師②　「『ゆめのロボット』を作る」を読んで、おかしなところがないかを考えていきます。インタビューと説明文の両方を読んで見ると見つかります。何かおかしなところはありましたか？

子ども　……。

子ども　別になかった。

教師③　では、ヒントを出しましょう。辞書を使います。

子ども　あっ、答え①だ。

子ども　でもどこがおかしいのかな？

教師④　では、辞書を用意してごらん。学習係さんお願いします。

子ども　（学習係、辞書を持ってきてグループに配る。）

教師⑤　何かわかりましたか。

子ども　「ロボット」は、「①自動人形、人造人間、②自動で動く機械装置③他人に操られて動く人」って書いてある。

教師⑥　③の「他人に操られて動く人」というのは、機械のロボットではなく、「あいつはロボットだ」という風に、人の性格を比喩的に表す言い方だから、この場合は違います。この前かいたロボットの図を見てごらん。辞書と比べてどうですか。

子ども　人造人間は同じだけど、「人の役に立つ機械」とは、書いてありません。

子ども　辞書には「自動で動く機械装置」って書いてあるので「自動」じゃないといけない。

教師⑦　ロボットで大事なことは、「自動で動く」ということなんです。それでは、「人の役に立つ機械」というと、どんなものを想像しますか？

子ども　「人の役に立つ機械」っていうとテレビも役に立っているんじゃないかな。

子ども　あっそうか。携帯もだ。

子ども　扇風機も。

子ども　エアコンも。

教師⑧　そうそう。つまり、小林さんが「ロボット」というのを「辞書的な意味で」といったのは？

子ども　おかしい。

子ども　「人の役に立つ機械」は、ロボットだけじゃなくて、何でもそうだ。

教師⑨　電化製品はほとんどが「人の役に立つ機械」ですね。「ロボット」は、「人の役に立つ機械の中の一つ」ということになりますね。

子ども　「ロボット」の方が広い意味の言葉だと思っていたけど、「人の役に立つ機械」の方が広い意味を持っていることになりますね。

教師⑩　その図もどうだろう？

子ども　おかしくなる。

子ども　せっかく書いたのに。

教師⑪　では、「マッスルスーツ」や「アクティブ歩行器」について、今のことをもとに考えてみましょう。「マッスルスーツ」や「アクティブ歩行器」はロボットでしょうか。グループで話し合ってみて。時間は3分間。どうぞ。

子ども　（グループで話し合う）

教師⑫　さあ、意見を出してください。

子ども　小林さんの作っているものは「ロボット」ではないと思います。「マッスルスーツ」は人の動きを手助けする機械であるけど、自動で動くのではないからです。

子ども　賛成です。着ないで動くならロボットだと思う。

子ども　でも、ガンダムだって、人の動きを手助けするロボットだし。写真を見るとロボットにも見える気もする。

子ども　モビルスーツって言うし、ガンダムも着てるみたいなもんだ。

教師⑬　ガンダムか、小林さんもガンダムが好きなのかもしれません。小林さんは、辞書に載っているようなロボットとは違う、新しい発想でロボットを作っているのかもしれませんね。小林さんの「人の役に立つ機械」という言葉は、小林さんの気持ちを表しているのでしょう。

【説明的文章の新教材】

9　小学校の新しい説明的文章教材で思考力・判断力・表現力を育てる・高学年
――「『鳥獣戯画』を読む」（高畑　勲）の工夫を読む［光村図書六年］

鈴野高志（茨城県・茗溪学園中学校高等学校）

1　教材の概要と研究

本教材は、国宝として有名な絵巻物『鳥獣戯画』について、日本アニメーション界の第一人者である高畑勲氏がそれを「漫画の祖」、あるいは「アニメの祖」という視点で分析的に紹介した文章である。

全部で九つの段落からの構成となっており、最初の見開きのページ左側の上部に『鳥獣戯画』の蛙と兎が相撲をとっている場面が挿入されていて、1段落ではその場面が、次のように描写されている。

1はっけよい、のこった。秋草の咲き乱れる野で、蛙と兎が相撲をとっている。蛙が外掛け、すかさず兎は足をからめて返し技。その名はなんと、かわず掛け。おっと、蛙が兎の耳をがぶりとかんだ。この反則技に、たまらず兎は顔をそむけ、ひるんだところを蛙が――。

説明的文章ではあるが、導入部分はさながら相撲の実況中継のようだ。そして2段落ではこの絵が「墨一色、抑揚のある線と濃淡だけ、のびのびと見事な筆運び、（中略）ただの空想ではなく、ちゃんと動物を観察したうえで、骨格も手足も、毛並みも、ほぼ正確にしっかりと描いている。」と、その『鳥獣戯画』の描かれ方についての説明とそれに対する高畑氏の評価が述べられている。

3段落でようやくこれが『鳥獣戯画』という作品の一場面であることの説明が書かれているのだが、特筆すべきはこの3段落から4段落にかけての展開が次のようになっていることだ。

3この絵は、『鳥獣戯画』甲巻、通称『鳥獣戯画』の一場面。『鳥獣戯画』は「漫画の祖」とも言われる国宝の絵巻物だ。(中略)線のみで描かれ、大きさがちがうはずの兎と蛙が相撲をとっている。(中略)たしかに漫画みたいだ。でも、それだけではない。ためしに、ぱっとページをめくってごらん。

(鈴野注・ここでちょうどページが変わる。)

4どうだい。蛙が兎を投げ飛ばしたように動いて見えただろう。アニメの原理と同じだね。『鳥獣戯画』は、漫画だけでなく、アニメの祖でもあるのだ。(以下略)

すなわち3段落の終わり部分では、直接教科書の読者である子どもたちに対する「ページをめくってごらん。」という筆者からの指示がなされ、それに応じた子どもたちがページをめくると、次の見開きページ左上部、先ほどの絵と同じ位置に、絵巻では次の場面として描かれている場面が挿入されているのである(72頁参照)。子どもたちは、いわゆる「パラパラ漫画」かアニメのような感覚で二つの場面を見比べられるような仕掛けになっており、筆者からの子どもたちに対する「ページをめく」ることへの直接の指示やそのことで子どもたちがアニメ的な絵の変わり方を体感できるという点は、今までの教科書教材にはまず見られなかった新しい趣向となっている。

4段落後半では、実はこれが本当はつながっているものを「わざと切りはなして見てもらった」こと、実際の絵巻を見る時は「右から左への巻きながら見ていけば、取っ組み合っていた蛙が兎を投げ飛ばしたように感じられる」ことを説明する。

さらに5段落では、絵の中で「兎を投げ飛ばした蛙の口から線が出ている」ことを確認した上で、これが蛙の気合いの声を表している可能性があること、漫画で言う「ふき出し」と同じ表現法であることを指摘している。

6段落では兎の「背中や右足の線」に動きがあること、また投げられた兎や応援していた兎の表情が笑っていることと、それを表現する「筆さばき」の見事さを評価し、さらに兎たちが笑っている理由について「蛙と兎は仲良しで、この相撲も、対立や真剣勝負を描いているのではなく、蛙のずるをふくめ、あくまでも和気あいあいとした遊びだからにちがいない。」と考察している。

7段落は「絵巻の絵は、くり広げるにつれて、右から左へと時間が流れていく。」という説明から始まるのだが、ちょうどここでまたページが変わるようになっており、めくった次の見開きページではその二ページの上段部分にまたがるように、先ほどの二つの場面が絵巻の形でつながって示されている。そのため読者である子どもたちは、絵巻の絵をその中の時間の動きに合わせるように右から左へと視線を動かして見ることで、昔の人の絵巻の見方を追体験できるようになっているとも言える。

8段落では、この『鳥獣戯画』の制作年代が八百五十年ほど前の平安時代終わりであることを明かし、さらにこの他にも同時代にすぐれた絵巻がいくつも制作されたことを述べ、それが江戸時代から昭和にかけての絵本、写し絵、紙芝居、漫画、アニメーションまでの流れにつながっていくことを説明し、「言葉だけでなく絵の力を使って物語を語るものが、とぎれることなく続いているのは、日本文化の大きな特色なのだ。」と述べる。

最後の9段落では再び『鳥獣戯画』そのものに戻り、以下のようにまとめられる。

9十二世紀という大昔に、まるで漫画やアニメのような、こんなに楽しく、とびきりモダンな絵巻物が生み出されたとは、なんとすてきでおどろくべきことだろう。しかも、筆で描かれたひとつひとつの絵が、実に自然でのびのびしている。描いた人はきっと、何物にもとらわれない、自由な心をもっていたにちがいない。世界を見渡しても、そのころの絵で、これほど自由闊達なものはどこにも見つかっていない。描かれてから八百五十年、祖先たちは、幾多の変転や火災のたびに救い出し、そのせいで一部が失われたり破れたりしたにせよ、この絵巻物を大切に保存し、私たちに伝えてくれた。『鳥獣戯画』は、だから、国宝であるだけでなく、人類の宝なのだ。

なお、この9段落の部分が書かれているページの見開き左側ページには、「『鳥獣戯画』と同じ時代に生まれた絵巻物」として、「信貴山縁起絵巻」及び「伴大納言絵巻」からの場面が、その描かれている状況説明とともに提示されている。

2　授業化にあたって――二つのポイント

本教材を授業化するにあたり着目すべき点は二つある。

一つは、筆者である高畑氏が『鳥獣戯画』をどのように見ているか、という点である。ある絵を目にした時、その絵をどう見るかは人によって異なる部分もあるだろう。日本アニメーション界の代表的作家である高畑氏が、八百五十年前に描かれたこの絵と、そして同時代の絵巻物をどのように見ているか、それを子どもたちに読みとらせることは、高畑氏の『鳥獣戯画』や絵巻物を見た、その見方を子どもたちに追体験させることにもなり、ひいては、それを通して子どもたちに物の見方を教えることにもつながる。実は本教材の、いわゆる「手引き」に相当するページにもはっきりと、そのタイトルに「筆者のものの見方をとらえ、視野を広げよう」とあり、例えば筆者が「絵全体の中で、どの部分を取り上げているか。」、「取り上げた対象の、何に着目しているか。」といった問いが書かれている。

さらにそのことにも関わるもう一つのポイントは、高畑氏が読者に対してこの絵の見方をどのように示しているかという点、すなわち提示の方法である。これについても「手引き」に相当するページに、「筆者は、自分の考えを読者に伝えるために、表現や構成の工夫をしている。／・書き出しには、どのような工夫があるだろう。／・文末を「――だ。」「――である。」などとせず、「返し技。」「かわず掛け。」とすることで、どんな効果があるだろう。」／・つながっている絵を、133ページと135ページとに分けて出したのはなぜだろう。」といったような問いが書かれている。ここには、筆者が読者に『鳥獣戯画』のおもしろさやすばらしさを伝えるためにどのような工夫を施しているかを、いわばメタ的に学ばせようという教科書編集者の意図が見られる。これは新小学校学習指導要領の高学年に関わる内容「B 書くこと」に示されている、「イ　自分の考えを明確に表現するため、文章全体の構成の効果を考えること」、「エ 引用したり、図表やグラフなどを用いたりして自分の考えが伝わるように書くこと」、「オ 表現の効果などについて確かめたり工夫したりすること」などの指導にも発展、応用させることのできる、これまでの国語科教科書にはまず見られなかったような画期的な内容を含んでいると言えよう。
以上、二点の指導を中心とした授業を組み立ててみたい。

3　筆者の工夫を読む授業―授業記録

本教材は小学校六年生用の国語教科書に掲載されている文章だが、私の勤務校は中高一貫校なので、急遽、六年生に最も近い中学一年生のクラスを臨時で借りて授業を行った。クラスは本来四〇名だが、この日（二〇一一年六月一八日）は市の体育大会のため、運動部の生徒が十二名抜けており、三〇名弱（男女ほぼ同数）での授業となった。

一時間の授業なので、今回は特に筆者の、読者への伝え方に関わる工夫を読みとらせることに力点を置いた。

以下は、本文を範読したのちに各自で段落番号を付けさせ、机をグループの形にさせた（各班三～五人程度で六班作った）ところからの授業記録である。なお、板書記録は省略する。

教師①　まずみんなに考えてもらいたいのはね、1段落です。先生がさっき読み始めたときに感じたことなんかも思い出しながら、この書き出しのところに筆者のどのような工夫があるか、班で三分間話し合ってください。はい、始め。

（この間、教師は各グループを回って話し合いの内容を聞いたり、助言を行ったりしている。）

教師②　はい、話し合いやめ。では1段落にはどんな工夫があるかな。見つかった班、手を挙げて。はい、じゃあ二班。

子ども　説明的文章なのに、物語っぽい。

教師③　物語っぽい。物語っぽくて？

子ども　興味が出る。

教師④　そうだよね。「何かのお話しかな？」って思うから興味が出るよね。他には？　四班。

子ども　「はっけよい、のこった。」にインパクトがある。

教師⑤　そうだ。インパクトあるよねえ。文章読み始めたらいきなり「はっけよい、のこった。」だもんね。「何が始まったんだ？」って感じだね。他には？……うん、じゃあヒント出すぞ。ここ、二行目。「蛙が外掛けだ。」とか「すかさず兎は足をからめて返し技をする。」とかじゃなくて、「外掛け」「返し技」「かわず掛け」ってなっているよ。こういうの何て言う？　ほら、名詞で終わっている…

子ども　あ、体言止め！

教師⑥　そう、体言止めだね。これはどんな効果がある？

子ども　インパクト！

教師⑦　「インパクト」ばっかりだね（笑）。つまり、技の名前で文が終わっているとその技の名前が？

子ども　心に残る。

教師⑧　そうだね。より印象的になるんだね。はい、じゃあ今度はその体言止めも含めた1段落全体を読んで何か感じることはないかな？

子ども　……。

教師⑨　うん、じゃあわかりやすいような読み方をするぞ。

（教師はここでかなりの抑揚と強弱をつけて1段落を音読する。）

子ども　わかった。実況中継。

教師⑩　そう、実況中継のようだね。「おっと、蛙が兎の耳をがぶりとかんだ。」なんてところなんか、まさにそうだよね。今見ているような、実況中継みたいな書き方をして、読者をひきつけているんだね。では、少し違うところの工夫を見ていこう。ええと、133ページの上に一枚絵があって、135ページの上にも絵があるよね。で、136ページと137ページでまた同じ絵が出てくるんだけど、今度はつながっている。絵巻だからつながっている方が正しいんだけど、どうして133（ページ）と135（ページ）では分けて載せたんだろう。このことについてまた、話し合ってもらいます。はい、大事なこと言います。その理由について、ちゃんとテキストに書いてあることを根拠にしてください。今度も三分です。では話し合い、始め。

（再び机間巡視による指導。）

教師⑪　では、切り離して載せた理由がわかったところ、はい、六班。

子ども　えーと、136ページの7行目に、「この二枚の絵も、本当はつながっているのを、わかりやすいように、わざと切り離して見てもらったのだ。」とあります。

教師⑫　はい。いいね。ちゃんと書いてあることを根拠にして発言をしてくれました。134ページの7行目に

「本当はつながっているのを、わかりやすいように、わざと切りはなして…」って…はい、じゃあ（筆者は）何をわかりやすくしたかったんでしょうか？…はい、どうぞ。

子ども　ええと、「蛙が兎を投げ飛ばしたように動いて見えただろう。」っていう文に、つなげられるように。

教師⑬　それはどこですか。

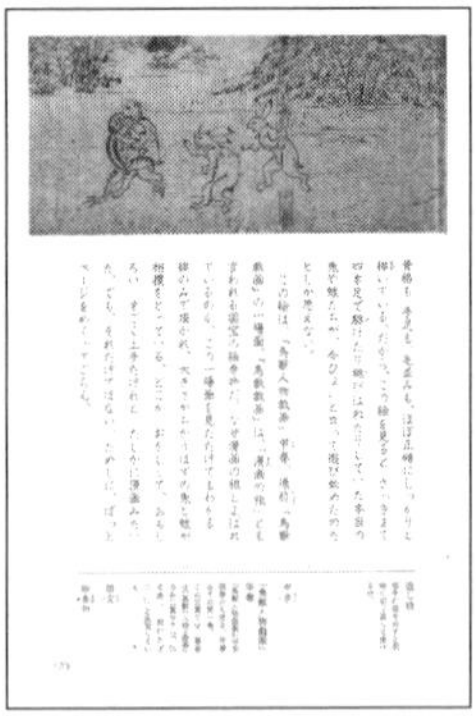

133ページ

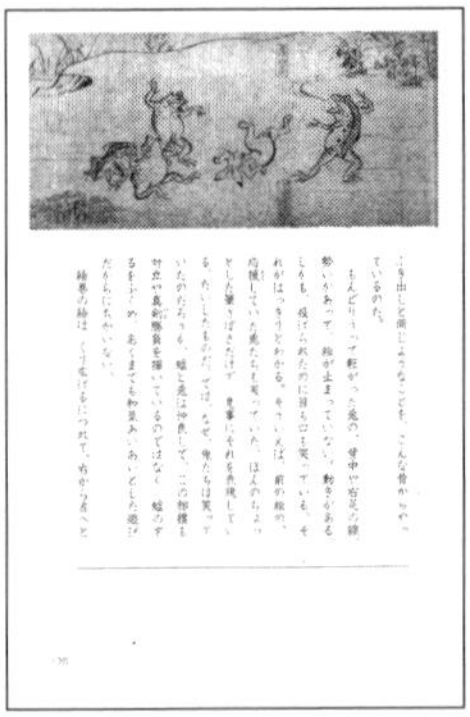

135ページ

子ども　134ページの1行目。

教師⑭　はい、134ページ1行目。「蛙が兎を投げ飛ばしたように動いて」…「動いて」ってどういうこと？「動いて見えた」ってどういうことなんだろう。この、（絵を）切り離したことと、「動いて見えた」ことの関係って何なんだろう。どうして動いて見えるの？…どうしたら動いて見えるのかな？…はい。

子ども　ぱっとめくる。

教師⑮　ん？

子ども　ぱっとめくったから。

教師⑯　ぱっとめくったから。はい！　ぱっとめくったから動いているように見える。それは何ページから何ページへの流れですか。

子ども　133ページから135ページ。

教師⑰　そうだね。133（ページ）から135（ページ）だね。ちょうど、ほら、実は同じ位置に…。これ133ページと例えば134ページだったら、ちょっと見にくいんだよね。135ページにあるから、…これ、何に似てますか。

子ども　漫画の…。

教師⑱　漫画の、何て言うの、こういうの。

子ども　コマ割り？

教師⑲　コマ割りというか、ほら、ぱっとめくると次になる…

子ども　パラパラ漫画。

教師⑳ パラパラ漫画。そうなんですよ。パラパラ漫画なんですよ、これ。パラパラ漫画の手法を使っているんですね。まあちょっと蛙と兎の位置が、ぱっとやって動いて見えるのか微妙なんですけど（笑）、パラパラ漫画の手法がここに使われています。で、そうすると、134ページ見て下さい。「動いて見えただろう。」の後、何て書いてありますか。

子ども 「アニメの原理と同じだね。」

教師㉑ そう、「アニメの原理と同じ」って書いてあるね。つまりパラパラ漫画もまた、それがアニメにつながっていくよね。今はコンピュータでやるのかな。コンピュータで色を塗ったりするみたいですけど、ちょっと前の時代まではね、ほら、セル画っていうのかな。一枚一枚描いて、それをパラパラ漫画みたいにね、サササッって映すことによって動いているように見せていたんだよね。二秒とか三秒とかの場面に何百枚も使うっていうよね。それをこの人は、筆者は、教科書で再現させようとしたんだね。（以下略）

4 おわりに

時間が許せば、この後さらに、一度切り離して掲載した絵を136～137ページでは見開きでつなげて掲載したことの筆者の意図（昔の人が『鳥獣戯画』を絵巻物として読んだ際、右から左に目を動かして読んだことを読者に理解、体験してもらうため）を子どもたちに考えさせたいところだった。

このように教材の文章における書き手の表現意図とその実際の表現方法との関係を子どもたちに読みとらせることは、いずれは大学や社会で何らかの形でたくさんの文章を表現していく彼らにとって、かなり有益な学びになることは間違いないと確信した。

【説明的文章の新教材】

10　中学校の新しい説明的文章教材で思考力・判断力・表現力を育てる
――「月の起源を探る」（小久保英一郎）の小見出しを評価する［光村図書三年］

高橋　喜代治（成蹊大学）

1　教材の概要

「月の起源を探る」は、表題にもあるように月はどのようにしてできたのかという月の誕生について、いくつかの仮説とその検証について述べたものである。筆者は理論天文学者だ。仮説について述べているので論説文と考えがちだが、よく読むとそれぞれの仮説を説明する立場で書いている。従って論説的要素を含む説明文と考えるのが妥当である。

文章構成を示しながら教材の概要を述べる。

本教材は二十二の段落で構成されている。本教材の書かれ方の特徴は、小見出しが付けられていることと図表が多用されていることである。前文・本文・後文の三部構造と各小見出しは次のようになっている。

前　文（1～3段落）「はじめに」
本文Ⅰ（4～7段落）「不思議な衛星・月」
本文Ⅱ（8～11段落）「親子か兄弟か、それとも他人か」
本文Ⅲ（12～15段落）「衝突から月へ」
本文Ⅳ（16～19段落）「月を作る実験」
後　文（20～22段落）「新たな研究へ」

前文では、日本人が古来から親しんできた月が、アメリカの月探査計画・アポロ計画で持ち帰った岩石の分析などでその組成や内部構造が明らかになってきたことを述べ、3段落に次のような二つの問題提示がある。

月とはいったいどのような天体で、どのように誕生したのだろうか。

これを受けて、本文Ⅰでは一つ目の「月とはいったいどのような天体なのか」についての解明がなされる。月は特異な天体（小見出しでは「不思議な衛星・月」）であることを解明し、「岩石の塊である巨大な衛星、月。地球には、なぜこのような衛星が存在するのか」（⑦）の二つ目（本筋）の解明が始まる。

本文Ⅱは月の探査結果が分かる以前の古典的な三つの仮説（分裂説、共成長説、捕獲説）を提示しその特徴を述べる。これはそれぞれ別の呼称（親子説、兄弟説、他人説）があるが、この呼称が本文Ⅱの小見出しになっている。しかし、地球の回転速度、月の成分、月の大きさなどの最近の研究の成果から否定されていることを述べ、⑩段落で本文Ⅲで説明する「巨大衝突説」について次のように予告する。

このように、研究が進むにつれ、古典的な仮説はどれも現実的ではないことがわかってきた。それでは、月はどのように誕生したのだろうか。すべての問題を解決するために考え出された仮説、それが「巨大衝突説」である。

本文Ⅲは、この文章の核となる「巨大衝突説」の詳しい説明である。衝突による月の形成の説明が四段階で次のように述べられる。同時にこの①～④までに対応する図が示されている。小見出しは「衝突から月へ」である。

①地球の質量の約十分の一（火星程度）の天体が、地球に衝突する。
②地球の周りに、気化した、または溶けた状態の岩石成分が飛び散る。
③冷えて粒子となった岩石成分が、地球の周りに円盤状に広がる。
④岩石の粒子が衝突と合体を繰り返すことで、月が形成される。

図4 巨大衝突説

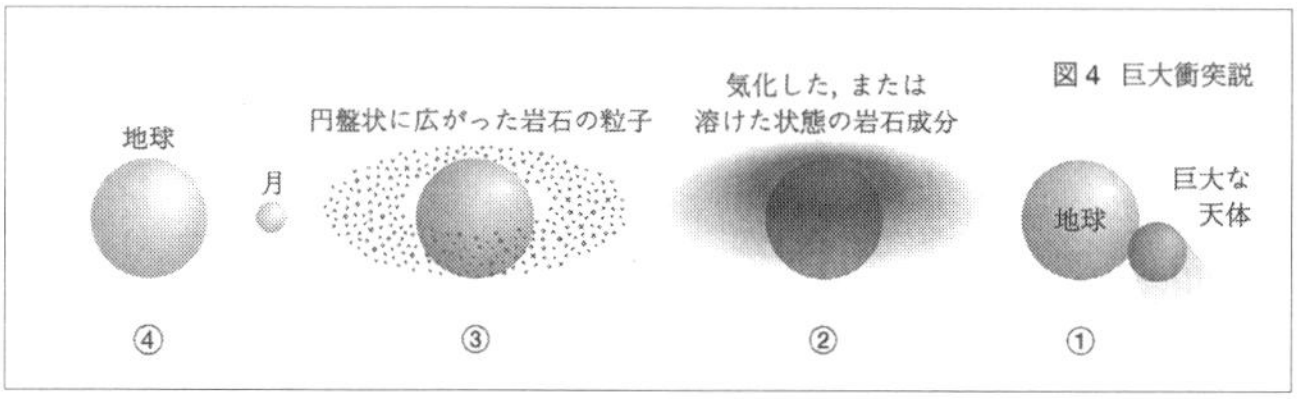

本文Ⅳは、小見出しに「月を作る実験」とあるように本文Ⅲで説明された「巨大衝突説」のコンピュータシミュレーションによる模擬実験による検証の説明である。これまでは希望的な仮説だったが「確かめられた」や「わかった」の口調などから、筆者はかなりこの検証結果で確かさを感じているようだ。

後文は、本文で述べてきた「巨大衝突説」をまとめ、それが仮説であることを再確認し、今後の研究に期待を寄せる。小見出しは「新たな研究へ」である。

2 教材の研究

(1) 小見出しの機能とその付け方

本教材の特徴の一つは小見出しが付けられていることである。これは教科書教材の説明文としては極めて珍しいが、世間一般に普及している「新書」と言われる書籍ではむしろ普通と言ってよい。また新聞記事などにもよく見られる。

小見出しが付けられることで読み手はその文章のまとまりがわかり概要が把握しやすくなる。また、説明や論理の展開がよりわかりやすくなる。書き手の側からすれば筆者としての意図やねらいを早く伝えることができる。

前文の小見出し「はじめに」は、概要を示したものではない。これから「月の起源を探る」について述べていくうえで「始めに言う」ということで、前置きの意である。文章構成上の最初という順序を示した小見出しだ。これに対して、本文Ⅰ～Ⅳと後文は各まとまりの概要を示していると言ってよい。だが、その概要を小見出しにする方法は一様ではない。

本文Ⅰの「不思議な衛星・月」は、「岩石の塊である巨大な衛星、月」という概要を小見出しにしたものと言える。天文学的に言えば④段落にある「特異な天体」とした方が妥当かもしれない。それを筆者は「不思議な衛星」とした。読み手である生徒の視点を意識したからであろう。

本文Ⅱの「親子か兄弟か、それとも他人か」も概要を示したものである。だが、これは「分裂説」「共成長説」「捕獲説」という天文学的な言い方の別名である。だから文中では、「地球から月が生まれるので『親子説』とも呼ばれる」と副次的な言い方であると断っている。これも本文Ⅰ同様生徒の側からの視点である。

本文Ⅲの「衝突から月へ」は、地球への巨大な天体の衝突で月が誕生したという「巨大衝突説」の概要を小見出しにしたものである。その意味ではここの小見出しは「巨大衝突説」の方が妥当かもしれない。だが、「衝突から月へ」の方が月の起源が単純だがはっきりわかる。これもより読み手の中学生に対する意識が読み取れる。

本文Ⅳの「月を作る実験」は、巨大衝突説のコンピュータシミュレーションによる実験という概要を小見出しにしたものである。文中では「月形成の実験」という言い方がされている。「月形成」が「月を作る」と口語的に言い直されている。

後文の「新たな研究へ」も概要を示したものである。前文の「はじめに」に対応させれば「おわりに」ということになるはずである。なぜ「おわりに」にしなかったのか新たな研究へ」を「おわりに」とした場合と比べるとそれが見えてくる。「巨大衝突説」もまた仮説にすぎない」から「新たな研究」が始まるのだという筆者の科学者としての決意や科学的な態度が読めてくるだろう。

(2) 小見出しと要約の関係

一般に小見出しは、本教材の本文Ⅰ～Ⅳまでの小見出しの付け方のように概要的であり要約的ではない。概要とは「だいたいの要点」であり、要約は「文章のおもなところをまとめること」である。要約するには論理展開の向かう方向、つまり柱の段落が特に重要になってくる。

本論Ⅰの段落関係（論理関係）でこのことを説明する。本論Ⅰは4～7の四つの段落でできている。4段落は「月は、実は特異な天体なのだ」と述べる。5段落と6段落では「地球に対する質量が非常に大きい」、「鉄の割合が極端に少ない」と、4段落で述べた特異さの内容を二点で詳しく説明している。7段落は、これら二つの特異さを「岩石の塊である」「巨大な衛星、月」と言い直してまとめ、「地球には、なぜこのような衛星が存在するのか」と新たな問題を提示し次へつないでいく。だから、柱の段落は7である。

そうすると、要約は「岩石の塊である巨大な衛星・月は、なぜ地球に存在するのか」という文になる。あるいは「特異な衛星・月はなぜ地球に存在するのか」と短くしてもいい。

すでにお分かりのように、小見出し「不思議な衛星・月」はこの要約文の主語にあたる部分の言い換えである。これは本文Ⅱ、Ⅲ、Ⅳも同じである。本教材の小見出しが概要的に付けられていることは、論理展開を考えるうえでも小見出しの付け方の工夫を考えるうえでも押さえておく必要がある。

(3) 図・写真の効果

本教材には写真と図が多用されている。このこと自体は教科書教材では一般的なことである。本教材の特徴はその掲載の仕方が説明・論理展開と対応していることにあると言ってよい。

図や写真は述べられている事柄や説明を分かりやすくするための視覚化にある。もし、そうでなければ写真や図の意味がない。本文Ⅲの月の形成の説明と図４（75頁を参照）を例にその効果を分析する。巨大衝突による月の形成は12段階で箇条書き的に説明されている。この各段階に対応して四つの図が示されている。この箇条書き的な説明では不十分で分かりにくい、つまり図で補足した方がよいことを次に挙げる。

①では地球と衝突する天体の質量の関係である。「十分の一」はどれくらいなのか。②では「気化した、または溶けた岩石成分」の「飛び散る」状態である。③の「冷えて粒子となった」岩石成分との違いもイメージしにくい。

図はこれらの分かりにくさを視覚的に補足している。十分の一という質量の巨大さがよくわかる。「気化、溶けた」状態も「冷えた粒子」の視覚化された比較で分かりやすい。地球に衝突した①の巨大な天体と、その結果誕生した月の大きさの関係も①と④を比べると視覚的に理解できる。これらの図がなかった場合を考えれば、図の役割が理解できよう。

だが、月の誕生はこれだけでは説明できない。「岩石の塊で巨大な衛星」という特異性を持つ月は、その特異性が成り立つように都合よい角度で斜めに地球に衝突しなければならない。14段落では、その偶然とも言える衝突の仕方が述べられるが、それは視覚化（図にする）されていない。これは本文Ⅳのシミュレーションの際の映像でも示されていない。その是非を問うことも必要になる。

(4) 科学的なものの見方

本教材の目標に「科学的なものの見方や研究方法を知り、それらについて自分の考えを持つ」とある。本教材を貫いている科学的なものの見方は仮説についての検証過程に特徴的に見ることができる。

本教材には月の起源についての四つの仮説が紹介されている。古典的仮説といえる「分裂説」「共成長説」「捕獲説」の三つと核心となる「巨大衝突説」である。古典的な三つの仮説はアポロ計画による月の探査結果などの新しい研究成果によってその欠陥が明らかになり否定されることが説明される。「巨大衝突説」は「月の重要な特徴を説明できるように組み立てられている。」と、都合よく組み立てられた仮設であることを述べている。

さらにコンピュータシミュミレーションによる「巨大衝突説」を証明するような結果についても慎重な態度をとる。後文で「あくまでも現段階での理解」とし、「最も有力な仮説」と位置づけている。「新たな研究の成果を受けこれから改訂されるかもしれないし、あるいは否定されるかもしれない」と述べる。

このような確実な証拠を徹底して求め仮説を検証する述べ方、認識にこそに科学的なものの見方の一端が見て取れると言えよう。

3 指導計画と国語の力

(1) この教材で身につける国語の力

本教材の特徴は大きく、小見出しが付けられていること、写真・図が多用されていること、仮説を科学的に説明する立場で述べられていることの三点にあると言ってよい。特に小見出しが付けられていることは、すでに筆者により概要把握がされているということである。従ってこの教材では説明的文章指導の指導目標や内容、指導過程を踏まえながらも、小見出しの付け方を吟味・検討することを中心に据える学習が構想できる。指導計画と扱い時間の概略を次に示す。

第1時　通読し、文章のだいたいの把握。小見出しに従って前文・本文・後文と本文の構造把握。

第2時　小見出し・図を参考に、論理展開の仕方の読解（本文Ⅰと本文Ⅱ）

第3時　同右（本文Ⅲと本文Ⅳ）

第4時　小見出しの付け方の吟味・評価

第1時が「表層的な読み」で、専門用語などを理解させながら、すらすら読めるようにすること、小見出しが付けられている六つの文章のかたまりを、三部構成と対応させることが主要な学習となる。第2時及び第3時は「深層の読み」で、小見出しや図と照応させながら、古典的仮説が否定され、「大衝突説」に至る過程と論理展開を読み取る学習である。主として本文Ⅱ～Ⅳがその対象となる。第4時で、これまでの学習を踏まえ、小見出しの付け方の吟味・評価で、思考力や判断力、表現力を養うことをねらいとする。

学習指導要領・国語の三年の目標には「評価」が新しく登場した。「目的や意図に応じ、文章の展開や表現の仕方などを評価しながら読む能力を身に付けさせる」とある。さらに「自分の考えの形成及び交流」の項目に「ウ・文章を読み比べるなどして、構成や展開、表現の仕方について評価すること」とある。確かに文章を評価することが思考力、判断力、表現力を養うことにつながる。だが、阿部昇も指摘しているように、「評価」のためには、批判的吟味がどうしても必要となる。(1)

本教材の「学習の窓」にも「小見出しから本文の内容を読む」と題して「小見出し」に特化し、次のように課題設定している。

専門的な内容を分かりやすく説明する文章には、小見出しが効果的に使われていることが多い。小見出しによって、文章の大体の内容や流れがわかったり、読者の興味を引きつけたりすることができる。小見出しの効果について、次の観点で確認してみよう。

- 「月の起源を探る」の小見出しが、どのように効果的に本文の内容を表しているかについて考える。

(2) **吟味し評価し思考力、判断力、表現力をつける**

指導計画の四時間目を、教科書「学習の窓」と関連させて次のような発問計画で授業を行いたい。

発問1　本文Ⅰ～本文Ⅳまでの「小見出し」と前文の小見出し「はじめに」の小見出しの付け方の

違いは何か

生徒はこれまでの学習で本文Ⅰ～Ⅳまでの小見出しの付け方の特徴を読み取っている。概要的で読み手が馴染みやすく興味関心が持てることばで表現していることなどである。そのことから発展させる学習である。この発問で生徒に、前文の小見出し「はじめに」が前文の概要ではないことに気付かせる。教材研究の「小見出しの付け方」で述べたように「はじめに」は三部構成の第一に位置する前文のことで、「これから説明するにあたって最初に述べておくこと」を意味し概要ではない。

発問2　本文Ⅰ～Ⅳのように、「はじめに」を概要を示す小見出しにしたらどうなるか

前文の概要を小見出しにすると、「身近な天体・月」などのように月と人類の関係を表す導入的な小見出しが考えられる。生徒たちが本文の小見出しの付け方にならって考えることで小見出しの付け方や効果が学べる。

続いて次の学習に進む。

なぜ筆者は、この前文だけ他と違う方法で小見出しを付けたのか。また、概要的に「身近な天体・月」とした場合と、文章の大体の内容や流れの把握上どう違うのか。所与のものに疑問を持たせること、比べて見当することは価値の相対化を図ることであり、批判的な吟味の方法である。

発問3　筆者は、なぜ「はじめに」という小見出しにしたのだろう。「身近な天体・月」と「はじめに」ではどんな違いがあるか。比較しなさい。

このような学習に取り組むことで、生徒に思考力、判断力、表現力が身に付くことが期待できる。

注

(1) 阿部　昇「新学習指導要領をどう読み解くか」『国語の授業改革9　新学習指導要領をみすえた新しい国語授業の提案』二〇〇九年、学文社、14頁上段

【メディアと古典の新教材】

11　小学校の新しい古典教材で思考力・判断力・表現力を育てる
――狂言「柿山伏」の「おもしろさ」を読む［光村図書六年］

加藤　郁夫（大阪府・初芝立命館高校）

狂言は室町時代に成立した演劇である。作者は明らかではない。「柿山伏」は、以下のような話である。

修行を終えて帰国途中の山伏が、空腹を覚え、たまたま見つけた柿の木に登り、柿を食べる。それを見回りにきた柿主に見つけられ、とがめられる。

山伏は、山野に寝起きして仏道修行する僧である。修験者ともいう。日常で山伏を目にする機会はほとんどないし、話に聞くことも少ない。そこで予め子どもたちに山伏のことを調べさせておく。山伏は僧であり、身分的には社会の中で上位に位置する存在であることは、共有しておきたい。だからこそ、山伏がからかわれることが、笑いになる。また山伏といえば、ホラ貝が必須の持ち物である。冒頭「貝をも持たぬ山伏が」と名乗ることで、この山伏がまだ未熟であることがわかる。

1　声に出して読む

狂言も演劇の一つであり、本来は舞台の上で演じられて、完成するものである。それだけに、声に出して読むことを大事にしたい。狂言らしく読むことなどは気にせずに、ふつうに読ませていけばよい。ふつうに読むだけでも、文章にリズムがあることがわかる。

子どもたちを山伏と柿主の二グループに分けて読ませるなど、二人の掛け合いが楽しめる読み方を工夫したい。また音読を通して、この狂言のおもしろい点や特徴などを考えるように子どもたちに指示しておく。読みながらおもしろいと思ったところ、気になったところにチェックを入れたりして、後の学習へとつなげていく。

2 「柿山伏」の構造をよむ

物語では、事件の始まりである「発端」、事件が一番大きく変化するところである「クライマックス」をとらえることを教える。狂言もおなじである。発端やクライマックスを考えることで、どのように事件が展開しているのか、作品がどのように描かれているかを読むのである。発端は、山伏の次のことばからである。

> これはいかなこと。今朝、宿を早々立ったれば—（62頁下段）

山伏が登場し自己紹介をおえて、本国への道を急いでゆく。その途中で空腹となり、たまたま目に留まった柿を食べる。柿を食べることで、柿主に咎められることとなる。山伏が柿を食べることから事件ははじまってゆく。

発端のもう一つの候補として、柿主の登場するところからという考え方が出されるかもしれない。柿主が、山伏を見つけることで、山伏は咎められるのである。その意味では、柿主が登場することで事件は始まるとも考えられる。しかし、柿主の登場は山伏と同じく自己紹介から始まる（狂言のこの自己紹介から始まる語りだし方については後で考える）。つまり、柿主の登場は事件の始まりという点では、説明的なのである。

また、二人の人物の登場によって事件がはじまることは確かに多い。しかし、人物が登場しただけで事件が始まるわけではない。二人の人物の出会いが、どのような事件に発展していくのかが考えられなくてはいけない。ここでは山伏が柿を食べはじめる（柿を盗み食いする）からこそ、二人は出会うのである。

クライマックスは、柿主の以下の台詞と行動である。

> 柿主　うちへ連れていて、看病するはやすけれど、おのれがように柿をぬすんで食ろう山伏は、まっこうしておいたがよい。（山伏をふり落として退場。）（68頁下段）

柿主に柿を盗み食いをしているのを見つかった山伏は、柿主によいようにからかわれて、柿の木から飛び降りる。そこで柿主に自らを看病するように迫り、それを断られ、山伏の行力でいうことを聞かせようとする。そして、一見山伏の行力が効きだしたかに見えるが、さにあらず再度柿主にいいようにあしらわれるところである。

このように構造をとらえてみると、ここでの山伏は柿主にいいようにからかわれる存在である。偉そうに見せていても、また山伏としてのすごい行力をもっていそうにみえながら、その偉さも、行力も示され発揮される場面はどこにもない。山伏が社会的には、敬意をうける存在であることをおさえておくことで、山伏がからかわれる面白さも見えてくるのである。

構造を読むことで、山伏の描き方にポイントがあることがわかる。狂言では、劇の中心に位置付く人物をシテという。シテの意味も、構造を読むことで再確認できる。

3　山伏の人物像をよむ

山伏は、「山伏の行力」を次のように説明する。

> とりわき山伏の行は、野に伏し山に伏し、岩木をまくらとし、難行苦行をいたす。その奇特には、空飛ぶ鳥をも目の前へいのり落とすが、山伏の行力です。
> （62頁下段）

ここだけを聞けば、山伏とはすごい力をもった存在ということになるのだが、その直後に山伏は空腹をおぼえ、柿を見つける。そこでは、「さらばこの刀で、かち落といて食びょう」と、刀で柿をとろうとする。それがうまく行かず、「今度はつぶてを打とう」とするが、つぶてもうまく当たらない。それでとうとう、柿の木に上っていく。しかし、その前にえらそうに言っていた「空飛ぶ鳥をも目の前へいのり落とす」山伏の行力を使おうともしていない。いばっているが、山伏としての力はあまりなさそうなことが見えてくる。その落差に面白さがあることもみえてくる。

山伏は柿を食べているところを柿主に見つかる。そこでの山伏は、「そりゃ、見つけられたそうな。かくれずはなるまい。」（64頁下段）と、柿を無断で食べたことを柿主に謝るのではなく、反対に隠れようとする。「とりわき山伏の行は、〜」と修行の自慢をしておきながら、また山伏という僧の身でありながら、盗みが見つかれば隠れようとする。ここにも言っていることと行動が釣り合わない様が見えてくる。

さらに柿主に「あの柿の木のかげへかくれたを、よう見れば、人ではないと見えた。」「あれは、からすじゃ。」「からすならば鳴くものじゃが、おのれは鳴かぬか。」と柿主に言われると、「こかあ、こかあ、こかあ、こかあ。」と柿主の言うままに、山伏はからすの鳴きまねをする。（64頁上段～下段）

次いで、さると言われれば、山伏は「身せせりをして鳴」く。とびと言われれば、「羽をのして、鳴」くまねをする。揚げ句に、とびなら「飛びそうなものじゃが、飛ばぬか知らぬ。」と言われ、柿主の調子に乗せられて、とうとう柿の木から飛んでしまう。（65頁上段～66頁）

ここでの山伏は、柿主の言うままに操られている。柿を盗んだことを隠そうとする小ずるさはあるものの、山伏の行動の「素直さ」（?）は笑いを誘う。

柿の木から飛び降りた後に「総じて山伏の果ては、とびになるというによって、それがしも、はやとびになったかと思うて、あれ、あの高い所から飛うだれば」と言っているように、柿の木の上で柿主の言葉を聞いているうちに自らをとびになったかと思いこんでしまう。素直というか、ばか正直というか、のせられやすい性格の人物として描かれている。（67頁上段）

さらに、柿の木から飛び降りて腰を打った身を看病しろと柿主に迫るところでは、山伏の行力を柿主に見せつけようとする。しかしそこでも、柿主に行力が効いた振りをされ、柿主の背中からふり落とされてしまう。（68頁下段～69頁）

ここに登場する山伏は、少し威張ってはいるが、えらくもなくすごい行力も持ってはいない。それに加えて素直などこか愛嬌のある、ちょっと憎めない人物といえる。

このように見てくると、「柿山伏」の面白さは、山伏の人物設定の面白さであることがわかってくる。

4　狂言のおもしろさは、どこにあるのか

狂言は、私たちが知っている演劇といろいろな点で異なっている。どのような違いがあるかを考えることを通して、狂言の面白さ、特徴を考えていく。

まず挙げられるのが、人物が舞台に登場してくると自己紹介をすることである。山伏は、次のように言う。

> これは出羽の羽黒山よりいでたる、かけ出の山伏です。このたび大峯・葛城をしまい、ただいま本国へまかり下る。（62頁上段）

ふつうの演劇では、衣装や台詞の中であるいは他の人物との関わりの中で、どのような人物かが明らかになっていく。ところが狂言は、登場するとすぐ、どのような人物かを自らが語る。

また、自分の行動や心理も、自らで語る。山伏は自らの空腹を次のように語る。

> これはいかなこと。今朝、宿を早々立ったれば、ことの外ものほしゅうなった。辺りに人家はないか知らぬ。いや、あれに見事な柿がなっている。さらばこの刀で、かち落といて食びょう。（62頁下段）

この人はだれだろうとか、どんなことを考えているのだろう、などといったことをさぐりながら、話の展開を追っていく必要はない。登場人物が何を考え、何をしようとしているかが、手に取るようにわかる。

ここに狂言という演劇の最大の特徴もある。登場人物が自己を語り、自己の心情を説明するということは、登場人物のそれぞれの中に自己を見つめるもう一つの目があるということである。山伏は、山伏でありながら、自分がどのような山伏かを見つめる目を持っている。

山伏は柿主に対して自らを「尊い山伏」といいながらも、すぐ後では「まだうぶ毛も生えぬ山伏」という。「数珠と言っぱ、いらたかの数珠ではのうて、むさとしたる草の実をつなぎ集め、数珠と名づく」（68頁上段）と自分をあるがままに正直に語ってしまう。自分を冷静に見つめるもう一人の目が、狂言の人物にははじめから備わっている。

観客（読者）は、登場人物に感情移入するのではなく、人物から少し距離を置いてみることになる。少し距離がとれる分、読者は人物を冷静に見ることができる。そのことが、結果的に批評的な見方・評価的な見方をしていくことにつながる。狂言の面白さや魅力は、何よりもその点にある。「柿山伏」を読むことを通して、批評的、評価的な見方を学ぶことができるのである。

5　狂言のおもしろさを読みとる授業

「柿山伏」の授業を、小学校六年生を想定してシミュレートしてみた。

教師①　狂言の、どんなところがおもしろいのだろう？

子ども　山伏がえらそうにしているんだけど、ぜんぜんえらくないところ。

教師②　たとえば？

子ども　「空飛ぶ鳥をも目の前へいのり落とすが、山伏の行力です」と言ってるんだけど、柿も落とせない。

教師③　うんうん。それから？

子ども　柿主に見つかったら、柿主の言うとおりに、からすや猿の真似をするところ。

教師④　この二つに共通しているのは？

子ども　山伏は僧だから、本当だったら尊敬されたりするような人なんだけど、実は大したことなかったりするところ。

教師⑤　そこがおもしろいところだね。ところで、狂言は、他の演劇と比べて、どんな点が違っているだろう？

子ども　……

教師⑥　普通の演劇では、こんなことしない、というところはないかな？

子ども　登場人物が、自分で自分のことを紹介している。

子ども　自分の気持ちや考えもみんな口に出している。

教師⑦　そうだね。山伏も柿主も自己紹介しているね。このまた、自分の思ってることを口に出しているね。この「柿山伏」で、山伏と柿主の二人が出てきたけど、みんなはどちらの人物の立場になって話を読んでいた？

子ども　……

教師⑧　山伏？柿主？

子ども　どちらでもない。

教師⑨　普通なら、シテである山伏に寄り添って読んでいくよね。どうして、そうならないんだろう？

子ども　山伏にも、柿主にも、寄り添いにくい。

教師⑩　どうして？

子ども　自己紹介したり、自分の気持ちを自分で説明するでしょ。そういう人にはちょっと寄り添いにくい。

子ども　気持ちは山伏側なんだけど、山伏もからすになったり、とびになったりと、柿主にからかわれてばっかりだから……。

子ども　自分で「尊い山伏」と言っておきながら、すぐ後で「うぶ毛も生えぬ山伏」といったりして、山伏の気持ちに入り込みにくいよ。

子ども　ちょっと突きはなした書かれ方がされている。

教師⑪　狂言は、登場人物を少し距離を置いて見ているんだね。そこに狂言の面白さの秘密があるんだね。

【メディアと古典の新教材】

12　小学校の新しい新聞教材で思考力・判断力・表現力を育てる
――「新聞を読もう―北島選手の記事の読み比べ」で表現意図を読む［光村図書五年］

熊谷　尚（秋田大学教育文化学部附属小学校）

1　教材の概要

二〇〇八年のオリンピック北京大会。北島康介選手は、男子百メートル平泳ぎで五八秒九一の世界新記録を出し、前回のアテネ大会に続いて優勝を果たした。教材となったのは、その準決勝のレースで北島選手が全体二位のタイムだったことを伝えた二紙の記事である。見出し・写真・記事を比べながら読むことで、一つの事実でも、その伝え方の違いによって読み手として受ける印象が変わってくることを十分に感じ取ることができる。

2　教材の研究

(1)　写真を読む

教科書にはまずはじめに、二紙に使われた写真と記事の見出しのみを取り出したものが載せられている。

記事①には写真が二枚使われている。一枚は、泳ぎ終えた北島選手がひと息ついているところの写真、もう一枚は、北島選手のライバル・ダーレオーエン選手が準決勝一位通過の好記録が出たことを喜んでいる様子の写真である。被写体が違うだけでなく、二枚の写真はその構図にも大きな違いがある。北島選手の写真はアップであり、顔の表情がよく分かる。一見、余裕の表情とも取れるが、思いの外タイムが伸び悩んだことを気にかけているような表情にも見える。一方のダーレオーエン選手の写真はルーズであり、顔の表情よりもむしろ、両手を大きく挙げるポーズからその喜びが伝わってくる。また、縦長・横長の違いこそあれ、二枚の写真の面積はさほど変わらない。そのため、当然ではあるが、アップの北島選手の方が見た目には大きく写っていて、目立つ。

記事②の写真は一枚のみである。記事①の北島選手の写真とほぼ同じ時に撮られた写真と思われる。アングルは似ているが、記事①の写真とは北島選手の向きが左右逆である。また、その表情にも大きな違いがある。記事②の写真の北島選手は、記事①に比べ、頬を膨らませて大きく息を吐いているように見える。最も違うのは目の表情である。記事②の方は、目をかっと見開いている。いつもとはどこか違う硬直した表情にも見える。

(2) 見出しを読む

記事①には、三本の見出しがある。

・大見出し（横見出し）…北島に強敵
・中見出し（横見出し）…「やるしかない」闘志再び
・小見出し（縦見出し）…一位通過は北欧の伏兵

大見出しの「強敵」とは、言うまでもなくダーレオーエン選手のことであり、小見出しの「北欧の伏兵」ももちろん彼のことである。実名は出していないまでも、大見出しと小見出しの両方でダーレオーエン選手の存在を伝え、強くアピールしている。中見出しでは、北島選手自身の言葉をかぎ括弧で引用し、ライバルの台頭で闘志を新たにしている様子を伝えている。

記事②の見出しは縦見出しが一本のみである。

・北島失速 決勝に不安

「失速」「不安」といった言葉から、北島選手の連覇にどちらかと言えば否定的・消極的な見方をしているような印象を受ける。これに比べると記事①の方は、「強敵」「伏兵」といった言葉でライバル出現を強調する一方で、「闘志」などの言葉から、北島選手の巻き返しを期待し、連覇に対して肯定的・積極的な見方をしているような印象を受ける。

(3) 本文を読む

教科書のページをめくると、今度は二紙の記事の本文が載っている。アとイ、二つの本文が先の記事①と記事②のどちらと対応するのかを子どもたち自身に考えさせるような学習展開になっている。

その対応関係は、それぞれの本文の第一段落を見ると明快にとらえることができる。結論から言うと、本文アと対応するのは記事②、本文イと対応するのは記事①である。まず、本文アの第一段落を見てみよう。

> レースを終えた北島は大きく目を見開き、しばらく動かなかった。男子百メートル平泳ぎ準決勝。予選からタイムを落とす結果に、一抹の不安が残る内容となった。（34頁）

主語は「北島」である。また、「大きく目を見開き」が、記事②の北島選手の写真の表情をそのまま描写している。さらに、記事②の見出しの「失速」は「タイムを落とす」の記述に、「不安」は「一抹の不安が残る」の記述にそれぞれつながっている。続く第二段落には「その反動から失速し」、第三段落には、「徐々に記録を上げていく構想が崩れた」、第五段落には、平井伯昌コーチの談として、「『想定内か。』との質問に『そうですかねえ。』と厳しい表情をみせる。」等々、本文アには、北島選手の調子が上がらないことをうかがわせる記述が繰り返し出てくる。その一方で、ダーレオーエン選手については、「安定した泳ぎ」「大会に入っての伸びはすさまじい」など、その好調ぶりを伝える記述が目立つ。

では、本文イの第一段落はどうだろうか。

> 北島の百メートル連覇に向け、思わぬ強敵が北欧から出現した。今年の欧州選手権覇者、二三歳のダーレオーエン選手だ。（34頁）

「思わぬ強敵が北欧から出現した」の記述が、記事①の大見出しの「強敵」、小見出しの「北欧の伏兵」などの言葉とつながっていることは明らかである。主語の「強敵」はもちろんダーレオーエン選手のことである。

記事①には北島選手とダーレオーエン選手それぞれの写真が使われているが、本文の第一段落にその二人の実名がきちんと明記されている。ちなみに、北島選手の写真のみを使っていた記事①の本文の第一段落には、ダーレオーエン選手についての記述は一切ない。また、第三段落には、ダーレオーエン選手が「一メートル九〇の長身を生かした大きな腕のかきで後半加速」したという記述がある。彼が両腕を高く上げてポーズを取っている写真が使われた理由は、この辺りの記述と関連しているのではないかという推測は容易にすることができるだろう。さらに、「決勝はダーレオーエンがターゲットになってくる」との北島選手自身のコメントの引用は、中見出しの「やるしかない」とつながり、ライバルの出現でモチベーションを上げる北島選手の様子が強調されている。

3　授業づくりの方法

(1)　この教材で身に付けさせる国語の力

「男子百《メートル》平泳ぎ準決勝」という、結果がはっきりしている一つの事実を伝えた二つの記事を比べながら読み、発信者が何を中心に伝えようとしているかによって写真や見出し、本文の書き方に違いが出ること、それによって読み手が受け取る印象も大きく変わってくることをとらえさせたい。一見、客観的な立場から報道していると思われる新聞であっても、発信者によってその表現意図に違いがあることを理解することは、情報化社会を生き抜く子どもたちにぜひとも必要な主体的な情報活用能力の基盤となるものである。

(2)　指導計画

【第1時】

①　記事①と記事②の写真を読み比べる。
・枚数の違い　・大きさの違い　・表情の違い
・写し方の違い（「アップ」と「ルーズ」）　など

②　写真とのつながりを考えながら、記事①と記事②の見出しを読み比べる。
・字数の違い　・見出しの本数の違い
・取り上げている話題や人物の違い
・使われている言葉の違い　など

【第2時】

①　本文アと本文イを読み、記事①と記事②に対応するのはそれぞれどちらかを考える。
・それぞれの第一段落に着目し、主語の違いや本文と見出しのつながりを考えるように助言する。

②　写真・見出し・本文をつなげながら読み比べ、その内容・表現の違いと、それらから受ける印象の違いについて考える。

○　読み比べの観点
・写真や見出しとつながる本文の内容・表現
・ダーレオーエン選手の取り上げ方
・インタビューしている人物や引用している言葉
・文の量　・書かれている順序　など

(3) 記事の表現意図を読む授業

以下は、平成二三年六月、秋田大学教育文化学部附属小学校の五年B組及びC組で行った授業記録をもとにした第2時の授業シミュレーションである。

（本文アとイに段落番号を付け、全員で音読した後に）

教師① 昨日読んだ記事①・②と、今みんなで音読した本文ア・イは、どちらがどちらと結び付くでしょうか。

子ども （口々に）①とイが合うと思う。賛成。

教師② なぜそう思ったのか、わけを聞かせてください。

子ども 一行目に「思わぬ強敵が」と書いてあって、見出しにも「強敵」という言葉が使われているからです。

子ども 付け足しで、その次に「北欧から出現して」とあって、「北欧」ということもちゃんと見出しに書いてあるからです。

子ども 見出しの「北島に強敵」の「強敵」とは誰かと思って本文を読んでいくと、それは「二三歳のダーレオーエンだ。」ときちんと書かれているからです。

子ども 記事①にはダーレオーエン選手の写真が使われていて、本文イは、はじめにダーレオーエン選手のことを書いています。でも、本文アは、はじめに北島選手のことから書いています。

教師③ 本文アの話が出ましたが、そのほかに本文アと記事②がつながる証拠はありますか。

子ども 「北島は大きく目を見開き」のところです。

子ども 付け足しで、記事②の方の北島選手の写真を見ると、確かに目を大きく開いているのですが、記事①の方は、目はあまり大きく開いていません。

子ども 見出しの「決勝に不安」という所と、本文の「一抹の不安が残る」という所が同じことを繰り返していると思います。

教師④ 記事と本文の組み合わせは、②とア、①とイで間違いなさそうですね。では、写真・見出し・本文を全部つなげて読んでいきましょう。二つの記事を比べて、何か違うところに気付いた人はいませんか。

子ども 記事①は、ダーレオーエン選手の写真も使っていて、記事②よりもダーレオーエン選手のことを詳しく書いてあります。例えばダーレオーエン選手の身長や、「大きな腕のかきで」など、記事②には全く書いていないことも書いてあります。

子ども つまり、記事②の方が、ダーレオーエン選手のことをたくさん書いてあると思います。

子ども　確かに、「ダーレオーエン」の名前が三回出てくる。記事①は二回しかない。

（文の量に話題が行ったところで一端引き取り、それぞれの記事でダーレオーエン選手の事が書かれている部分に色を塗らせてみた。すると、記事①が六行程度、記事②が八行程度で、思ったほど差がなかった。）

教師⑤　確かに記事②の方が少し多いようだけれども、それほど決定的な差はないのではありませんか。

子ども　でも、記事イは第一段落ですぐにダーレオーエン選手のことを書いているから、強調しています。

子ども　賛成です。先に書くということは、そのことを伝えたいという気持ちが強いんだと思います。

子ども　本文アは、第1段落からずっと北島選手のことを中心に書いていて、ダーレオーエン選手のことはその後で付け足すような感じで書いています。

（ここで、「逆三角形の法則」について、補足説明。）

教師⑥　二つの記事には、どちらもインタビューをして書いている所がありますが…。

子ども　北島選手の言ったことが違います。アの方は「いい泳ぎができた。」と書いてありますが、イの方は「後半失速した」と書いてあります。

子ども　言っていることが正反対だ。

教師⑦　どちらかが間違って書いているのでは？

子ども　そうではなくて、どちらも本当だと思います。

子ども　一部分だけを使っているのだと思います。

教師⑧　どうしてそこだけを使うのでしょうか。

子ども　イの方は、北島選手に強敵が現れてピンチだということを強調したかったので、「失速した」というところを使ったのだと思います。

子ども　アでは、コーチが「『そうですかねえ。』と厳しい表情をみせる」ということが書いてあって、これを読んだ人は、もしかしたら金メダルが取れないかも…という気持ちになるのではないかと思いました。

教師⑨　同じニュースなのに、写真や見出し・本文の書かれ方が違うと印象が変わるということですね。では最後に、二つの記事を比べて読んで分かったことと、思ったことや考えたことをノートに書きましょう。

（各自、自分の考えをノートに書いて終了。）

1　小学校の「古典入門」の授業
――日本語の力を鍛える古典教育を

加藤郁夫（大阪府・初芝立命館高校）

小学校の古典は、名文・名句の音読暗唱を中心に進められる。音読や暗唱は古典入門期には特に大事にされる必要がある。低学年中学年段階では、音読や暗唱を取り入れて、古典の名文や名句に慣れ親しんでいくことも大事にしたい。しかし、それは意味もわからずに、ただ読ませたり、覚えさせたりすればよいわけではない。音読や暗唱は大事にしつつ、そこに止まっているのではなく、しっかりとその先を見すえた指導を私たちは考えていかなくてはならない。

古典教育も国語教育の一つであり、古典を通しても、ことばの教育を意識していかなければならない。国語教育は、日本語話者を対象になされるものであり、古典教育も同様である。古典はむつかしいから、古典のことばは現代語とは異なっているからと、古典を外国語のように見なすところに、古典教育の未来は見いだせない。

1　日本語の「色」を考える

入門期には、自分たちがふだん当たり前に使っている日本語をちょっと見直してみることをすすめたい。

子どもたちに、「色」を表す言葉にはどんなものがあるか、自由に出させる。三〇人いるならば、三〇の色が出される。一人一色、自由に出させる。

あか　みどり　きいろ　オレンジ色　むらさき　あお　くろ　茶色　うすみどり　ピンク　はだ色　おうど色　スカイブルー　濃紺　あい色　しろ　あかむらさき　きん　ぎん　こげ茶色……

先に種明かしをしておくと、「あか・あお・しろ・くろ」の四色が日本語の四原色である。したがって、この四色は必ず入るようにしておく。出てこなければ、出るまで続ければいい。もともと基本的な色名なので、いつまでも出ない心配はない。

いろいろな色名を出すことだけでも、子どもたちは盛り上がる。さて、黒板に子どもたちから出された色名がたくさん並んだら、今度はそれを言葉の特徴を手がかりに括っていく。

まずは、カタカナで表記された色名である。これは見ただけで区別される。

カタカナで表記する言葉の多くは、外来語である。仮名には、ひらがなとカタカナの二つがある。それを私たちは使い分けている。

日本語は、ひらがな、カタカナ、漢字の三種類の文字を使い分けている。ふだん当たり前のようにしていることなのだが、世界でも三種類の文字を使い分けている言語は珍しい。こういったこともできれば意識させていきたい。

カタカナは外来語の表記に主として用いている。音を表すことに重点をおくときにカタカナを用いる。カタカナ語を意識させることで、カタカナの役割が改めて確認できる。カタカナの色名は、もともとの日本語にあった言葉ではないことを確認して、それらの言葉を除いてやる。

次に、二つの色名が重なっている言葉もしくは一つの色名の上にその傾向・度合いを示す言葉がついている言葉をまとめる。「あかむらさき　あおみどり　うすみどり」などは、二つの言葉が合わさったもので、「あか」「みどり」「むらさき」などの言葉に分解される。これももともとあった色の名前ではなく、ある色を基本としてそこから派生した言葉であるとわかる。したがって文字数も多い。

次に、「〜色」と最後に「色」がついている言葉をまとめる。「茶色　きいろ　はだ色　おうど色　こげ茶色……」なぜ、これらは「色」がつくのか。「色」をとってみるとわかる。「茶」は、もともとは飲み物の名前である。「はだ」も「おうど」も。もともとあったものを色の名前に転用していたことがわかる。つまりこれらは、もとを正せば色名ではなかったことが明らかになる。

「きん」「ぎん」もこの仲間である。「きん」「ぎん」は色も表すが、本来は金属の名前である。

そうやって、色名をくくって除いていってやるとあとに残るのは、「あか・しろ・くろ・あお」の四色、それに、みどり・むらさきくらいとなる。これら見比べると、先に挙げた四原色はみな二音からなることばであることがわかる。

「め（目）」「け（毛）」「て（手）」「は（歯）」と体の部位には一音で示されるものがいくつもある。音数の短さは、それが日本語の基本的な語彙であったことを示している。

二音で表される四つの色名が、古くから日本語の中にあった色の名前であることがわかってくる。そしてこの四色だけが「あかあか」「しらしら（しらじら）」「あおあお」「くろぐろ」と重ねて用いることができる。また「あか」と「しろ」が反対の色となり（「紅白歌合戦」はその代表的なもの）、「くろ」と「しろ」も反対となる（白黒をつけるといった言い方がある）。

さらには「あか」と「あお」も反対に用いられる（「赤鬼」と「青鬼」、「赤蛙」と「青蛙」、ただしこのあたりは今の子どもたちにはちょっとぴんとこないかもしれない。）。

「あか」と「あお」が反対の色だと説明したところで、この二色を反対の意味で使っているものがないかと問うてやる。そうしたら、信号の「あか」と「あお」が、反対の意味で用いられていることがわかってくる。信号の「あお」は、私たちの目には「あお」ではなく「みどり」に映る。それでは、なぜ「みどり」といわず、「あお」というのか。その理由は、日本語という言語にあるのだ。日本語は、「あか」と「あお」を反対の色としてとらえてきたのである。それが信号の「あか」と「あお」として今も残っているのである。

色の名前を挙げていくだけで、カタカナの役割を考えることができる。そして、日本語が色をどのようにとらえてきたかがわかる。

古典を通して学んでいく大切なことの一つとして、自分たちの使っている日本語をとらえなおしていくこと、いいかえれば古典教育のねらいの一つを子どもたちに示して授業を終える。

2　俳句を読む

俳句は、その短さゆえに授業で取りあげやすい。五・七・五のリズム、季語や切れ字といった基本的な約束を教えることはもちろんのこととして、それだけで終わるのはもったいない。ことばにこだわり、ことばの働きを考えることも大事にしたい。

ここでは松尾芭蕉の次の句を取りあげる。

五月雨を集めて早し最上川

季語は「五月雨」で、夏の句である。

さて、「集めて」の「集める」（古語では「集む」だが、ここでは現代語で考える）という言葉に着目させる。

「集める」と対になる言葉がある。「集まる」である。「集める」と「集まる」はどう違うのだろうか。二つの言葉を並べて、上にどのようなことばがくるかを考えてみる。

「集まる」なら、「人が集まる」「材木が集まる」「メンバーが集まる」……と「～が」といった言い方が上にくる。「集める」では、「宿題を集める」「切手を集める」「お金を集める」と「～を」と、いわゆる目的語がまずくることがわかる。

「集まる」は、自然と集まってくるような感じをあたえる。一方、「集める」は、さらに上に「誰が」と主体を表す言葉がくることもある。そこには、あるねらいや意図をもってなされるような感じがある。言い換えれば、意識的・意図的なニュアンスが入ってくる。

「五月雨を集めて」というとき、誰かが意図的に「集めている」ような感じがある。また集めている主体も問題となる。この句ではいうまでもなく「最上川」が集めている。最上川が、意志をもっていてたくさん降った五月雨を集めて流れを早くしているような、そんなイメージを持たせている。そのように読んでくれば、ここに擬人法が用いられていることも容易に読みとれる。

もちろん最上川という自然に意志はないのだが、さも最上川自身が意志を持って、あちこちに降った五月雨を自らの川に集めて、大きな流れをつくり、すごい勢いで流れているかのようなイメージがそこから読みとれる。

「集まる」は、自動詞

「集める」は、他動詞

に分類される。もちろん、他動詞と自動詞という言葉まで教える必要はないかもしれない。ただ、言葉の働きの違いに目を向けることは大事にしたい。「集まる」「集める」だけではない。他にも、他動詞と自動詞の組み合わせはたくさんある。

「割れる」と「割る」
「落ちる」と「落とす」
「残る」と「残す」……

私たちは（当然のこととして子どもたちも）無意識のうちに、それを使い分けている。

子どもが、「先生、プリントがなくなりました」と言ってくるのと、「先生、プリントをなくしました」と言ってくるのでは意味が違う。前者であれば、さもプリントそのものが自分からなくなったような感じを与え、持ち主の管理責任は曖昧となる。後者は、自らの管理責任をはっきりと自覚した言い方である。

私たちは、ともすれば自動詞を用いた、責任所在の曖昧な表現を好むような傾向があるのかもしれない。しかし、古典俳句を一つ読むだけでも、そこから自分たちの使う日本語に対して自覚的に考えるヒントを持つことができる。

以前に、「竹取物語」冒頭における「もの」と「ひと」の使い分けから、「竹取の翁」と「かぐや姫」をどのように描きわけているかを読む実践を提示した。(1) 古典は昔の文章だから、わからないことが多くある、だからといって、音読暗唱でリズムを楽しめばよいといったレベルに止まっていてはダメだ。わかるところを大事にし、大胆に中身に踏み込んでいくべきである。そうなってこそ、古典は子どもたちにとって魅力的でおもしろいものとなる。

古典も日本語である。それを読む私たちは日本語を母語とする日本語話者である。日本語話者としての感覚を大事にするところから、古典教育は始められなくてはならない。わからないところよりも、まずはわかるところを大事にしていくこと、そこに古典入門期の大事なポイントがある。

注

（1）「『竹取物語』（冒頭）―かぐや姫の発見―の1時間の全授業記録」『国語授業の改革10　国語科教科内容の系統性はなぜ100年間解明できなかったのか』二〇一〇年、学文社

参考文献

小松英雄『日本語の歴史―青信号はなぜアオなのか』二〇〇一年、笠間書院

2　中学校・高等学校の「古典入門」の授業
――「徒然草」序段を使った新しい入門

竹田　博雄（大阪府・高槻中学校・高等学校）

1　新要領の「古典」に関する記述

入門期における「古典指導」には、①子ども達もよく知っているような昔話（例えば「かぐや姫」や「こぶとりじいさん」など）を多く紹介し関心を高め、②音読を重視しそのリズムを体感する、といった指導が一般的には考えられる。①②とも、中学校の新学習指導要領では繰り返し強調されており必須の指導内容となっている。しかし一方で、中学・高校における「古典」の、特に「語句」についての記述では、「伝統的な言語文化と国語の特質に関する事項」の中の「イ 言葉の特徴やきまりに関する事項」で、それぞれ次のように述べられている。

> ◎中学校（1年）
> （イ）文や文章の組立て、語句の意味、用法及び表記の仕方などを理解し、語彙を豊かにすること。
> ◎高等学校（国語総合）
> （イ）語句の辞書的な意味と文脈上の意味との関係に注意し、語感を磨くこと。
> （ウ）（略）話や文章の中の語彙について関心をもつこと

いずれも、「語彙を豊かに」「語感を磨く」「語彙について関心をもつ」と、言葉にこだわることの重要性が謳われている。「古典の入門」という導入期の指導を考えるとき、語られている言葉の意味を作品の背景とともに理解し、筆者に迫っていくような読みを経験させることは大事なことである。現代文と何ら変わらない、作品の言葉から筆者の内面に迫り得るような読解のダイナミズムを、古典作品においても感じること。入門期に、そんな作品の本質に迫る経験をどれだけ積んでいけるか。その経験が、学習者が（以後長く続く困難な）古文学習を克服していける原体験にもなっていくはずである。

「調べ、まとめ、発表する」という「言語活動」との関連を図る指導も容易に構想されるには違いないが、本稿では、言葉の意味にこだわることで、作品の理解が深まるような、そんな授業を提案してみたい。

2　『徒然草』序段の教材研究

(1)　細部にこだわる

> つれづれなるままに、日暮らし、硯にむかひて、心にうつりゆくよしなし事を、そこはかとなく書きつくれば、あやしうこそものぐるほしけれ。（序段）

ここは「所在ないままに、一日中、硯に向かって、心に浮かんでくる他愛もないことを、取りとめもなく書き付けていると、妙におかしな感じになってくる」という程の意味である。この「所在ない」（＝することがない）とは、一体どういう状態のことをいうのか？　「つれづれなり」は「退屈ですることがない」の意、という理解だけで授業者が思考を止めてしまうと、この文章は読めないのではないか。止めずに例えば次のように考えるのである。暇な状態なら、何かを書き付けることで、その暇が解消されて気が済むのではないのか？　なぜ、「ものぐるほし」という気持ちにつながるのか？　書き付けるものは、なぜどうでもよい「よしなしごと」なのか？　暇であったなら、人はそれぞれ今自分が一番関心のあることを考えるのではないのか？　という具合に細部にこだわった読みをしなければならない。そうすることで様々な違和が生じる。そしてその違和に整合性をつけるには、何を調べどう読めばいいかを考える。その過程を通して、初めて子どもに思考力が働く発問も可能となる。

「つれづれなり」の語義は、確かに「変化に乏しく単調である」ことを表す。よってこのような「つれづれ」は、何事かを成すことで紛らすことができる「つれづれ」だといえる。『枕草子』に「つれづれなぐさむもの」（一四三段）として、双六や碁を挙げているのが好例である。また和歌の中には、「物思いに耽りながら外を見つめる」という意味の「眺む」という語とともに「つれづれのながめにまさる涙河」（『古今集』巻第十三・恋歌三）などと詠まれている。この「つれづれ」などは、暮れば暮るほど「ものぐるほし」となる前に、まず対象への愛しさへと変容していく性質のものであろう。

こうした和歌や「枕草子」の「つれづれ」と、兼好のそれとはどこがちがうのであろうか。

(2) 兼好の「つれづれ」

平安期に使われる「つれづれ」とは、右に見たような「暇」「思いに耽る」というような意味で多く使われていた。では、一三〇〇年代の中世に生きた兼好はどういう意味で使ったのか。

実は、中世になってこの言葉は見直され、「所在ない」という状態を表す意味から一歩踏み込むように、「絶望や孤独感」、「倦怠感」という個の内面を表現する意味をも含むようになったという。そうだとすると、あの序段の「つれづれ」は、単に一時の「退屈だ」という状態だけを表すのではなく、当時の兼好自身が纏っていた「倦怠」や「孤独」をも表現していたと言えるのではないか？　十代で蔵人となったエリート貴族候補生であった彼が、どういう経緯でそのような内面に至ったかは、詳細な検討が必要である。しかし、『兼好法師集』の次の一首を見ても、確かに彼が何らかの虚無と倦怠を感じていたことは感得できる。

> 世の中の秋田刈るまでなりぬれば露もわが身も置きどころなし

世に自らの居場所がない。それが兼好の「つれづれ」だったのである。

ところが、彼は決してそんな自己を悲嘆している訳ではない。碁や双六で晴らすことのできない「つれづれ」なら、もはやその「ままに」し、そこに自己の身を委ね積極的に肯定しようとした。その姿勢を示したのが序段である。「つれづれ」という境地からしか認識し得ない世の諸相、獲得し得ない精神性が、きっとある。よって、テーマは一つではない。「心にうつりゆくよしなしごと」全て、である。また、推敲など考えてはいけない。文章に思考のまとまりなどつけずに「そこはかとなく」書かねばならない。「つれづれ」のままを表現し、そんな自己を「よし」としてやろう。『徒然草』序段とは、兼好の、そんな言わば宣言であると読める。だから、そんな境地から湧き出た感興は、「気持ちが慰められ、安堵した」というようなものではなく「ものぐるほし」という、強烈な精神の高揚だったのである。

さらに、「つれづれ」を「よし」とすることについて、作品の中にも決定的な用例を見ることができる。

> つれづれ侘ぶる人は、いかなる心ならむ。まぎるる方なくただ一人あるのみこそよけれ。（七五段）

このように、まず、授業者の「読み」を準備して授業に臨むことが大切である。授業者自身が、文法や、解釈だけで授業をしても、子どもたちの思考力は働かない。言葉にこだわることで、教師側の読みがまずためされるのである。

例えば、「こそ―ものぐるほしけれ」の係り結び、「心にうつる」は「映る」か「移る」か？　「ものぐるほしいのは筆者の心か、書かれた文章の内容か？　こう言ったスタンダードな発問や説明でも授業は成り立つだろう。しかし、このような発問だけでは生徒の思考力の働きは、弱い。「つれづれ」が、なぜ「ものぐるほし」という心情を喚起するのか？という肝が読めないからである。

3　どう授業するか――授業シミュレーション

教材の長さにもよるが、このような短い文章ならば、全体でどんなことを言っているのかということは、入門段階では、教師の一方的な説明でも構わない。

おおよその内容をつかんだ後、次のように展開する。

教師①　「つれづれなり」ってどういう意味だった？

子ども　退屈ですることがない。暇で、所在ない。

教師②　そう。じゃ、みんなは退屈だったらどうする？

（子どもにいろいろ言わせてみる。）

教師③　退屈が紛れたときは、どんな気分？

子ども　すっきりする。ストレス解消！

教師④　では兼好は何をしたの？　原文で指摘できる？

子ども　「心にうつりゆくよしなしごとを、そこはかとなく書きつくれば、」

教師⑤　そう、そしてどんな気分になったの？

子ども　「ものぐるほし」い気分になった！

教師⑥　なぜみんなのように、スッとしないの？

（子どもにいろいろ言わせてみる。）

教師⑦　うん。では改めて質問するけど、兼好はホントに退屈を紛らわせようとしたの？　それを考えるために次のA、Bはどう違うか考えてみて。

A　つれづれなりたれば（退屈だったので）
B　つれづれなるままに（退屈に任せて）

教師⑧　Aは、退屈なことが理由で、その退屈が原因で、という意味。だからAだと、退屈なのでその状態を解消しようとして書き付けた、ということになるね。Bは、退屈な状態のままで、という意味だ。これだと退屈の解消が目的ではなく、退屈な状態を引きずったまま何かをしようとしたということになる。原文はBなの　だから、つまり、書き付けられた内容はどうなる？　気を晴らすようなものではなく？

子ども　退屈なままで感じた気分をそのまま書いた。

教師⑨　そう、彼は退屈を紛らわせようとはしていない。ではその結果、なぜ「ものぐるほし」という感覚におちいるの？　これは難しい質問です。この「つれづれなる」には、実は、兼好の「孤独」（ひとりぼっちで寂しい感じ）や「倦怠」（何事も面白くなく、けだる～い感じ）した気分までが表現されています。

教師⑩　単に「退屈」というだけではなく、「孤独」や「倦怠」に見舞われた時、みなさんなら最後はどうしようとしますか？

子ども　何とかがんばって乗り越えようとする。

教師⑪　そう、それが普通の感覚です。でも兼好は、普通なら克服し払拭しようとする人の状態や感覚をそのままにして、その中から感じた様々なことを書き付けていったのです。普通じゃあり得ない、出来ないことです。普通なら抜け出そうとする状態を受け入れて、そこから何かを感じていこうなんて。だったら、そんなことをしようとする人間の気持ちってどうなる？

子ども　おかしくなるかもしれない。

教師⑫　そう、これは兼好の、そんな少し変わった感覚で見えてきたもの、感じたものを綴った作品なのです。

参考文献

1　安良岡康作『徒然草全注釈』一九六七年、角川書店
2　島内裕子『兼好』二〇〇五年、ミネルヴァ書房
3　橋本治『絵本徒然草』二〇〇五年、河出書房文庫
4　『中世和歌集』新日本古典文学大系47、岩波書店
5　『古今和歌集』新日本古典文学大系5、岩波書店

3 小学校・中学校の「新聞入門」の授業
――写真を選びながら記事の中心内容をつかむ

大内 秀朗（秋田県湯沢市立湯沢東小学校）

1 はじめに

これまで何度か、新聞の「入門期」の指導をしてきた。ここでいう「入門期」とは、これまで新聞を教材とした授業を受けたことがない、または経験が少ない場合を指す。したがって、学年は4年であったり5年であったりする。

「入門期」の児童が負担なく新聞に触れ、かつ効果的に学習を行うことができるようにするには、どのような教材を準備し、どのような学習活動を展開すればよいのだろうか。

2 「入門」教材の分類

筆者がこれまで「入門期」の指導で扱ってきた教材を以下のように大きく三つの型に分類した。

(1) 一つの記事を読み、写真を選ぶ

記事に掲載する写真について、記者や編集者はとても気を遣っている。選択の基準は、インパクトの強さであったり、記事の本文に合っているかどうかであったりする。記事にぴったり合う写真をいくつかの選択肢から特定する過程で、本文を詳細に読み取ったり発信者の意図を考えたりすることができる。

この型の実践としては、ホッキョクグマの記事を扱った、秋田大学教育文化学部附属小学校・湊弘一氏の実践（二〇〇七年）がある。記事は、温暖化による海氷減少のためホッキョクグマの生息数が三分の一になったことを

伝えている。選択肢となる三枚の写真にはいずれもホッキョクグマが写っている。記事の本文から発信者が伝えようとしていることを読み取り、関連させることで写真を特定できる。最終的には、本文中の「繁殖率が低下」というキーワードなどから、親が子を守るようにカメラ方向を見据えている写真が選ばれた。

(2) タイプの違う二つの記事を比べる

同一内容で異なる書かれ方をしている一組の記事を比較する学習である。写真の撮られ方の違いを発見したり本文の構成の特徴や細かい記述の差を指摘したりすることで、発信者によって記事の書かれ方に違いがあることに気付くことができる。

この型の教材として、筆者が自作した記事がある。小学校の運動会の様子を伝えた二つの異なる記事である。一方の記事には、リレーのアンカーがゴールテープを切る瞬間の写真が添えられており、本文にも競争を描写した表現が目立つ。もう一方の記事の写真は、入場行進の様子を撮影したものである。本文も、児童会のみんなで作り上げたイベントであることを強調した構成となっている。どちらの写真にどちらの本文が当てはまるかを考えることで、写真と文章の特徴だけでなく、発信者の意図の違いについても読み取ることができた。

この教材と同様の手法で、秋田魁《さきがけ》新報のＮＩＥ推進部が作成した架空の記事もある。高校の陸上競技部監督が小学生の指導をしたことを、小学生側と監督側の異なる立場から伝えた二つの記事である。

(3) 一つの記事を読み、見出しを書く

記事に見出しをつけるというのは、難しいことである。プロの編集者でも、最も気を遣う作業の一つである。しかし、適切な指導のもと、写真と本文の確かな読み取りをすることで、有効な学習を展開することが可能である。

この型の教材として、南極観測船「しらせ」が昭和基地沖に到着したことを伝える記事（秋田魁新報　二〇〇九年一二月一七日付）がある。事件を端的に表すとすれば、主見出しは「しらせ　昭和基地沖に到着」とするのが順当である。ところが、実際はこれは脇見出しとなっている。主見出しは、「ペンギン、観測隊歓迎」である。写真も、観測船ではなく、観測隊を歓迎するかのように

海に飛び込むペンギンの姿がとらえられている。読者への訴求力を優先して写真の選択がなされていることを理解しながら、リード文を丹念に読むことで、見出しのつけられ方の秘密を発見することができる。

3　新聞の写真を選ぶ授業

秋田県仙北市角館町の桜まつりの様子を伝える記事（秋田魁新報　二〇一〇年五月四日付）を教材に、「新聞入門」の授業を行った。前項の分類でいうと⑴にあたる。秋田大学教育文化学部附属小学校の小室真紀氏による原実践が『新聞活用ガイドブック』（秋田魁新報社　二〇一一年二月発行）に掲載されている。

> 仙北市角館町の桜が見ごろを迎えた。3日は朝から青空が広がり、桜まつり会場の武家屋敷通りと桧木内川堤には、県内外から大勢の観光客が訪れた。
> 武家屋敷通りでは、満開となったシダレザクラと黒塀が鮮やかなコントラストを描き、桜をバックに記念撮影をする姿があちこちで見られた。
> 仙北市観光課によると、シダレザクラは3日午前、観察木で満開が確認された。桧木内川堤のソメイヨシノも、きょう4日にも満開となる見込み。
> 今年は天候不順の影響で、シダレザクラ、ソメイヨシノともに開花が遅れたことから、実行委員会は会期を4日間延長し、9日までとすることを決めている。

記事写真の候補として四枚が用意されている。写真Aは桜のアップである。写真BとCはそれぞれ、武家屋敷通りと桧木内川堤を、桜と観光客の両方が写るように撮ったもの。写真Dは武家屋敷通りの様子であるが、桜がほとんど写っておらず、観光客がメインとなっている。

記事の本文では、第一段落で、角館町の桜が見ごろであること、県内外から大勢の観光客が訪れていることを伝えている。新聞記事は、重要な事柄や新しい情報を前の方に書くことが基本であり、第一段落を読むだけで何を伝えたいのかが分かるように書かれている。写真もそれに合わせて選ばれている。したがって、写真AとDは、桜や観光客だけをメインにして撮られており、記事内容とはズレがあるため、候補から除外される。

第二段落では、武家屋敷通りが満開になったことを、「鮮やかなコントラスト」と、描写的に伝えている。第三段落で桧木内川堤の様子も伝えられてはいるが、取材時点で満開には至っていない。記者が武家屋敷通りの様子を中心的に伝えようとしていたことがわかる。

以上のことから、実際の新聞記事に使われたのは写真Bであると特定できる。

4 「新聞入門」の授業

二時間扱いで行った授業を紹介する。私が二〇一一年四月二六日から二七日にかけて湯沢東小学校4年2組で行ったものである。

第1時では、まず、四枚の写真を提示し、それぞれの特徴を自由に発言させた。その後、写真説明の文を書かせた。子どもたちは、同じ日の桜を写していてもずいぶんと印象が違うことに気付いた。「写真の撮り方によって、見え方が違うと思う」という発言も出された。

第2時では、本文を読み、何が中心に書かれているかを読み取りながら、記事に使われた写真がどれかを考えた。

教師①　（記事の本文を見せる）新聞記事はこれ。写真は昨日の四枚。あれ、なんかおかしくない？

子ども　普通の記事では、写真は一～二枚のはず。

教師②　そうだね。今日の勉強は「本文にぴったり合う写真を選ぼう」です。

記事を配布後、音読し、意味の分からない言葉を確認した。その後、第一印象で写真を選ばせたところ、A〇人、B三二人、C二人、D〇人という結果になった。Bを選んでいても、BかCかで悩んでいる子が多かった。

教師③　なぜAはだめ？

子ども　大勢の観光客が訪れたと書いているけど、写真に写っていないから。

子ども　黒塀が写っていないから。

教師④　Dはなぜ違う？

子ども　観光客はいるが桜があまり写っていないから。

子ども　AとDは偏っている。

教師⑤　BかCですね。Cを選んだ理由は？

子ども　「青空が広がり」と書いている。青空が広がっている写真はCだから。

教師⑥　Bの理由は？

子ども　本文には、武家屋敷とシダレザクラのことを多く書いているから。

子ども　二段落目に武家屋敷のことが詳しく書いているから。

子ども　シダレザクラが満開とかいっているから、シダレザクラの方をメインに記事が書かれている。だからB。

子ども　写真Cは満開じゃないの？

子ども　Aと同じ場所で写しているから、Cの桜にもまだつぼみがあるはず。満開のちょっと前。

教師⑦　本文にはどう書いている？

子ども　「きょう4日にも満開となる見込み」とある。

教師⑧　満開じゃないけど、写真Cを選んでもいいのでは？

子ども　Bの方が県内外からたくさんの観光客が来ている感じが伝わる。

子ども　二段落以降は、桧木内川堤のことも載っているが、武家屋敷通りのことがメインになっている。新聞で伝えたかったのは写真Bの方ではないか。

子ども　もし写真Cだったら、コントラストの様子や満開のシダレザクラの様子が伝わらない。

教師⑨　新聞記者が一番伝えたかったのは？

子ども　桜満開の武家屋敷に観光客が訪れていること。

最後に、新聞記事の本文は最も伝えたいことを前の方に書いていること、その内容に合わせて写真も撮られていることを確認し、授業を終えた。

参考文献
阿部昇他編著『新聞活用ガイドブック』二〇一一年、秋田魁新報社

4 小学校の「新聞記事の書き方入門」の授業
――新聞記者になって出来事を分かりやすく伝えよう

鳥谷　幸代（秋田大学教育文化学部附属小学校）

1　書き手の目で読む活動を書くことに生かして学ぶ

新聞では、どんな読者を想定するのかによって、記事の内容や表現の仕方を工夫する必要がある。本実践ではじめに、書き手の目で新聞を読む活動を取り入れ、次に、読む活動を生かして新聞を書き、事実を伝える表現方法を学んでいく授業を構想した。取り上げる話題について内容を知らない人が読んで分かるように、事実を伝えるために欠かすことのできない「正確さ」「分かりやすさ」、そして「大切なことをきちんと伝える」記事を、読み手の立場に立って書くことを学びの中心とした。

教材として、朝日小学生新聞（二〇一〇年四月二一日付トップ記事『二〇一〇年全国学力調査』）を取り上げた。書く活動で実際にモデル教材として使用できるように、新聞のリードと本文をリライトして提示し、記事の組み立てを詳しく読み取っていくことにした。

読む活動を通して押さえたのは、次の二点である。

> ①　見出しとリードで大事なことを書いてから、本文で細かい事柄を大事な順から書き進めている。
> ②　読者が記事を読みたいと思えるような、短く的確に伝わる言葉を選んでいる。

その二つを、新聞記者の方から直接お話をうかがう機会を授業で設けることと、リードと本文の書き出しを比較して読むことで追究できるようにした。

2　「新聞記事の書き方入門」の授業提案

以下は、二〇一〇年六月、秋田大学教育文化学部附属

小学校において、四年生の授業として行ったものである。

(1)　単元の目標

・取材したことをもとに、読み手に分かりやすい見出し、リード、本文の構成を考えた新聞を作ることができる。

・自分が選んだ出来事について取材計画を立て、相手や目的に合わせて正確に伝えるために必要な事柄を集めることができる。

・書く必要のある事柄を選択し、伝えたいことの中心をはっきりさせて本文を組み立て、記事にまとめて書くことができる。

(2)　指導の構想（総時数一四時間）

1　『新聞記者になろう』を通読し、伝えたい相手と記事にしたい身近な出来事を選ぶ。（二時間）

2　新聞記者の方からお話をうかがい、新聞の構成や新聞作りの手順、方法について知る。（一時間）

3　実際の新聞記事から、記事の組み立てについて工夫していることを読み取る。（二時間）

4　記事を正しく書くために取材をし、書きたい内容を取材メモにまとめる。取材メモをもとに、見出しとリード、本文の下書きをする。（五時間）

5　下書きを見直し、書く必要のある内容を整理して、新聞を仕上げる。（四時間）

(3)　授業の実際

【第三時】

読者の目を引き付ける見出し、事柄の概要を伝えるリード、事実を詳しく伝える本文という構成は新聞ならではである。その構成について知るために、秋田魁《さきがけ》新報社の記者・大石卓見氏をゲストティーチャーとしてお招きした。子どもたちは、見出し、リード、本文の役割について、生活の中で新聞を読む経験から知識としてある程度は理解している。それでも実際に記事を書くとなると、何をどう書けばよいか戸惑うことが多いと予想される。そこで実際の新聞記事を見出しを隠して提示し、記事の構成についてお話しいただいた。

・見出しの数だけ、記事として伝えたい事柄がある。
・見出しの言葉はリードから選んでいる。

ポイントになるのは、この二つである。本文をまとめたものがリードであり、リードをまとめたものが見出しであることを子どもたちは学んだ。一番伝えたいことを書いてから細かい内容を書き進め、さらに解説や見通しを書くという本文の組み立ては、作文でいうと、リードが第一段落目、本文の書き出しが第二段落目に相当する。リードだからといって必ずしも5W1Hを書くとは限らない。限られた文字数の中で書きたい事柄がたくさんある場合には、余分な言葉を削ったり、読者に一番読んでほしい内容から書き出したりすることが大事になる。事柄を選択し言葉を選ぶことが本時の学びとなった。

【第四時】

〈本時のねらい〉

新聞記事のリードと本文の書き出しを比較して、内容と表現の違いに着目して読み、記事でのリードの役割とリードの書き方の工夫を見付けることができる。

〈学習活動〉

① リードと本文の書き出しが空欄になっている新聞記事を読み、学習課題をつかむ。

② リードと本文の書き出しの文章を読み、どちらがリードにふさわしいかを話し合う。

③ 二つの文章の比較から見えてきた、リードの書き方の工夫についてまとめ、学習をふり返る。

〈学習課題〉　リードと本文の書き出しで、出来事の伝え方はどう違うのか。

【文章A】

小六と中一が対象になる「全国学力調査」が二〇日、行われました。四回目と成る今年は全ての学校が受けるのではなく、一部の学校を選んで調べる調査（抽出調査）になりました。選ばれた学校は全国の三割、自主的に参加を希望した学校と合わせ、全国の七割の学校がテストを受けました。

【文章B】

テストは、国語と算数（中学校は数学）の二教科です。今回調査する学校に選ばれたのは全国九千九百七十九校。さらに自主的に参加を希望した（希望利用）のは一万三千八百九十六校です。小学校で選ばれたのは五千四百五十五校、希望利用は一万二百四十六校でした。

【文章A】と【文章B】でリードにふさわしい文章を選ぶため、着目した言葉や文にサイドラインを引いたり、気づいたことを書いたりする時間を十分に保障した。個人でまとめた考えをもとに、全体での話し合いを進めた。

朝日小学生新聞　2010年（平成22年）4月21日

2010年 全国学力調査

全員参加から抽出に

希望参加合わせ7割の学校が受ける

やり方を変えたことに不安の声も

リード

小学校は合わせて1万5701校

本文

調査に選ばれた小学校では、この日の一時間目から、子どもたちが一斉にテストに取り組みました。

テストの目的は、全国的に学力を調べて学校や国の取り組みをよりよいものにしていくことと、テストを受けた学校が子どもたちの指導に生かすことです。

すべての学校が参加するのは十三県。秋田県教育委員会は、「今回、受けない学校が出てくると、これまでのように結果を分析することができなくなるので、全員が参加するようにしました。」文科省が突然やり方を変えたのでとまどっています。各自治体では来年度以降、文科省がどういうやり方をするのか分からないので「不安だ」とも話しています。

（朝日小学生新聞　二〇一〇年四月二十一日付よりリライトしました。）

提示した二つの文章は次のように読むことができる。

- 【文章A】には、「いつ」「どこで」「だれが」「何を」「どうした」（5W1H）がはっきりと書かれている。見出しに使われている「全国学力調査」「抽出」「七割の学校」という言葉があり、記事の中で一番伝えたい短くまとめられている。
- 【文章B】には段落が二つあり、その一段落目がリードだとすると、言葉が見出しに合わない。

話し合いでは、どんなことを根拠として【文章A】がリードだと言えるのかを話し合いの焦点とし、リードの書き方を整理して示すことにした。リードに使われている言葉と、提示した二つの文章に書かれている情報の重要性について比較して読ませていった。

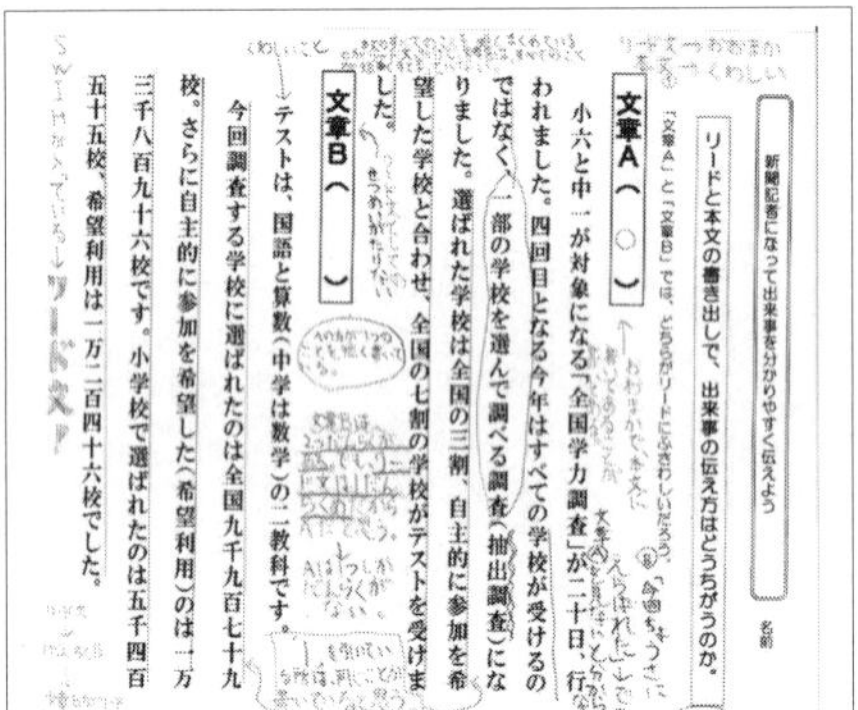
新聞記者になって出来事を分かりやすく伝えよう　名前

リードと本文の書き出しで、出来事の伝え方はどうちがうのか。

「文章A」と「文章B」では、どちらがリードにふさわしいだろう。

文章A（○）

小六と中三が対象になる「全国学力調査」が二十日、行われました。四回目となる今年はすべての学校が受けるのではなく、一部の学校を選んで調べる調査（抽出調査）になりました。選ばれた学校は全国の三割、自主的に参加を希望した学校と合わせ、全国の七割の学校がテストを受けました。

文章B（　）

テストは、国語と算数（中学は数学）の二教科です。

今回調査する学校に選ばれたのは全国九千九百七十九校。さらに自主的に参加を希望した（希望利用）のは一万三千八百九十六校です。小学校で選ばれたのは五千四百五十五校、希望利用は一万二百四十六校でした。

決めた理由を、書かれている内容や使われている言葉のちがいから見つけて書こう。

どちらを選ぶかをはじめに意思表示させたところ、予想に反して、ほぼ全員が【文章A】がリードにふさわしいと考えた。前時の学びが生かされていることと、リードと本文の書き出しにはこのように書けばよいという、書き方の手がかりがつかめてきていることが実感できた。

以下は、授業記録の抜粋である。

教師①　どの言葉から、文章Aがリードだと分かりますか。

子ども　文章Aには、主見出し、わき見出しの言葉が入っている。主見出しの「全員参加から抽出に」のことが書かれていて、前と変わっているという意味で文章を書いている。

子ども　そうそう。文章Bでは今回のテストのことしか書いていない。文章Aでは今までのことが今回ではこうなったと、今までのこともかねて言っている。

子ども　文章Aは、文章Bをまとめています。文章Aの「全国学力調査」は、文章Bの「国語と～二教科」の文をまとめたものです。文章Aの「選ばれた学校は～全国の七割の学校」はおよその数で、文章Bで本当の数を知らせています。

子ども　文章Aは、最初に「～が行われました。」と、何があったのかを書いていて、「～ました。」というのはまとめた感じがする。

教師②では、文章Bが本文だと分かるのは、どうしてでしょう。言葉や表現から見付けたことから理由をあげて、話しましょう。

子ども　文章Bは、はじまりがおかしい。紹介がない。テストの中身をいきなり書いている。

子ども　文章Bは、はじめから「テストは」とあって、リードにしては意味が分からない。読者には分からない。

子ども　文章Aを読むと、知らせたいことが一度そこで終わっている。文章Bにはまだ続きがありそう。

読む人にとって分かりやすいリードとは、短時間で読んでも、その出来事の内容を知らない人にポイントが正しく伝わるように、読者の立場で組み立てが考えられた文章である。新聞では、見出し→リード→本文と、記事の内容が表現の方法を変えて三度伝えられている。それが新聞ならではの記事の内容を見通す表現であることを、子どもたちは自分なりの言葉で書いてまとめた。伝えたい事柄の順序を、読み手と書き手両方の目で見て記事を書くことが、記事の分かりやすさにつながることをこの時間で学び、その後、構成を考える時に生かすことができた。

5　中学校の「社説の比較入門」の授業
――新聞に「もの申す」姿勢を育てる

杉山明信（茨城県・茗溪学園中学校高等学校）

1　新聞と中学生

新聞の「社説」は責任を持って自社の主張を掲げるものであるから、その主張は言いっぱなしではなく論証が伴い、それは論理的に整合することが求められる。短い制限字数でこれを行わなければならないうえに、取り上げる問題は、現在進行形の難題であることが多い。当然、専門的な用語も多用され、読者にある程度以上の知識と読解力とを要求する。だとするならば、中学生が最初に読む新聞教材として「社説」はちょっと手強過ぎるのではあるまいか。

勿論、中三くらいになれば、好んで「社説」を読む生徒も皆無ではないだろう。しかし、そういう子どもでもなお、その内容を相対化し、批判精神を発揮して「社説」を読み進めるようになるには、もっと難度の低い新聞教材を読む経験が必要ではないかと考えている。

段階を踏んだ指導があるなら、社説は論説文教材として非常に優れている。一般によく読まれている一面コラムよりも論理的だ。

一面コラムは、朝日の「天声人語」や日経の「春秋」など、なかなかの名文ぞろいだ。だが、これらは上手い文章だからこそ困る。一面コラムの文章には筆者の工夫のひとひねりが加えられ、随筆的な「味」がつけてあるのだ。「社説」のように事実と論理の力だけで直球勝負する性格の文章ではない。だから、大人でも論理的な切りこみ方が難しい。たとえ強引にそうしても、「大人気ない噛みつき方だね」と言われそうだ。中学生だから

「大人気」が無くてもよいというわけにはいかない。

新聞紙面の教材化においては、理解力に加えて吟味力（特に批判的視点）の育成という課題が特に重要である。他の説明的文章教材でも、書かれている事実の適否や論理関係の整合性の吟味・検討は重要であるが、とりわけ新聞教材では自己と情報との適度な距離を保ち、与えられたものを絶対化しない読み方をさせることは最優先事項であろう。言い換えれば、「もの申し」ながら読む姿勢を育てたいのである。

新聞社によって異なる社説を比較検討する教育実践の例があることは承知しているし、それによって新聞の情報を相対化して認識する効果があることも認める。だが本稿では、社説を読む前段階として、中学生自身の言葉により「もの申す」ことをさせてみる教育実践を報告したい。読み研運営委員であり私の同僚でもある町田雅弘先生が中学三年生を対象に行っている新聞批評の実践を紹介しよう。

2　投書の評価活動

町田先生が最初に取り上げた新聞教材は新聞読者による「投書欄」であった。なぜ「投書欄」を選んだかについて町田先生はこう語った。

「中学生は、新聞で書いてあることに突っ込みを入れてみたいんですよ。世の中のことに目が開き始め、でもまだよくわからなくて、でも興味はある。社説とか一面コラムとかだとちょっと立派すぎてなかなか突っ込みどころを見つけにくいんです。でも、投書なら、結構食いつけるんですよ。」

私も同感である。読者の投書欄もまた新聞社の主義主張を表現している道具の一つなのだから。

今年度の四月に中三の生徒たちに町田先生から提示された最初の新聞批評課題は次のようなものであった。

> 次の文章は、新聞の投書欄に投稿があった文章です。傍線部分がこの人の主張（柱の文）になります。あなたは、この人の考えに賛成ですか。それとも反対ですか。立場を明らかにした上で、そのように考える根拠（理由）を書きなさい。
>
> 最近、テレビや新聞を見るのが怖いです。放射能の濃度が上がり、食物の出荷が制限される種類が増えてきました。空も海も地面も汚染されてしまいました。

このままでは、うかつに洗濯物を外に干すこともできません。計画停電の時は、洗濯機の乾燥機使用など、とても無理でした。

そして余震の続く中で、事故を起こした福島原子力発電所では、一生懸命に作業をしている人たちがいます。たとえ復旧したとしても国民は喜ぶでしょうか。やはり廃炉にした方がいいです。

「地震国なのに、なぜ原発（注・原子力発電のこと）に頼るのか」「核でヒロシマ、ナガサキの人命を失った国がまた核で苦しむ」と外国の若者にさえ言われています。もう日本に原発はいりません。

きれいな空と海。赤ちゃんや農家の人たちの笑顔。安心して食べられる食物と水。それが私たちの望みです。（二〇一一年四月一三日東京新聞「発言」より）

問い　「賛成・反対・その他」のどれか一つを丸で囲み、あなたの考えを書いてください。
私はこの意見に　賛成・反対・その他　です。
根拠（理由）（根拠を書く欄は一〇㎝×四㎝程度）

右の課題に対しての生徒たちの「根拠（理由）」は「学習通信」ですぐにフィードバックされる。一四〇名余の学年生徒全員の根拠（理由）を読んだ町田先生は、次のような賛否それぞれの立場の主張を数人分紹介したB５判片面のプリントを作成・配布するのだ。

皆さん、こんにちは。第一回テーマは原子力です。「もう日本に原発はいりません」という筆者の主張にあなたはＹｅｓ？Ｎｏ？
賛成六三票　反対一一九票　その他六三票

１．賛成

●なぜなら、今たくさんの人が苦しんでいるからです。たくさんの問題があるのはわかりますが、まずは苦しんでいるという事実をなくすために純粋にみんなが同じ方向に向くべきだと思います。（C組女子）
●日本の発展に原発は必要かもしれません。でも、国民の安全性といったいどちらが大切なのでしょう？国民です。だからもう原発はいりません。（D組女子）
●今回実際に壊れ、放射能が漏れだしてしまいました。考えもしなかったことは起こるのです。なのでこの意見に賛成です。（E組女子）
●人はできるだけ苦労をしないように発明をしてきました。原子力というものはエネルギーとして人々の役にとても立ちますが、放射能という危険なものを作ってまで楽をすることは、本当の楽ではないと思います。原子力がなくたって人間は生きていけるし頼るべきではないと思います。（E組女子）

2・反対

●今、私たちが生活できているのは原子力発電があるからです。「もし原子力発電がなくなったらどうするか」まで書いてあってそれが現実可能なものなら賛成します。けれど、そういう意見もなく「日本に原発はいりません」と言うのは無責任です。（A組女子）

●原発は少ない燃料でたくさん発電でき、環境に良いからです。原発をやめ火力発電を増やしても、今以上に温暖化が進み、結局はきれいな空と海、農家や赤ちゃんの笑顔、食物と水は保障できません。（B組女子）

●その理由は、電力を原発なしではまかなっていけないからです。このような事故が起きてしまっていますが、それは第一原発の構造・立地などに問題があったからだと考えます。つまり安全に扱えば、僕は原発が日本にあっても大丈夫だと考えます。（E組男子）

●近い未来、地球上の化石燃料が使いつくされる日が必ず来る。そうした場合の代替発電方法として天候等に左右されずに、安定して、なおかつ化石燃料の必要のない原発は現状でも必要である。だが、今後原発を建設するとすれば、東京の中心に建設しても問題のない安全対策を講じる必要がある。（D組男子）

以上、生徒に提示された課題と、それに答えた生徒の意見を掲載した通信を示した。意見のいくつかは条件付きの賛否表明をしていて、課題となった投書の筆者のやや情緒的な原発全否定の意見よりも冷静で大人っぽいくらいだ。このような生徒の主張を導き出した町田先生の出題には、学ぶべき点がいくつもある。整理してみよう。

① 賛成・反対の片方に意見が集中せず、それぞれに言い分が立ち意見が分かれるような問題選択であること。原子力発電の要不要は、簡単に結論が出ない難しい問題であると同時に、どういう論陣を張ってもそれなりの形になる問題でもある。

また、長所もあれば短所もある投書を選んでいることも見逃せない。投書からは生活者としての正直な不安が伝わってきて共感もできる一方で、誰だかわからない「外国の若者」の言説を論拠とすることの不適切性や事実提示の曖昧さなどの弱点がある。

② 投書全体への賛否ではなく、より論点を絞り込み、投稿者の原発不要論への賛否を問うていること。投書のどこに目をつけるかが曖昧な課題では、生徒たちの論点が拡散してしまうのだ。

③ 中学生の知識・経験でもそれなりに考えられる問題選

択であること。

④立場を明確にした上で根拠（理由）を述べさせる形式であること。最初に選択式で賛否の立場を表明させてしまうやり方が明快だ。堂々とした論陣の張り方を学ばせたい。

⑤根拠（理由）は、多くてもせいぜい三～四行程度の簡単なものしか求めないこと。根拠（理由）を簡潔に述べる力は大切である。そして、生徒たちにあまり負担感を抱かせないことが、この取り組み継続のポイントでもある。また、教師の事情としては、一人の書く分量が多いと学年二四〇人余の根拠（理由）を読むことは難しい。

⑥賛成でも反対でもない立場の意見表明も認めていること。立場を保留する権利は保障するべきだ。また、賛否表明を回避する理由を考えることもまた、意見表明の訓練である。

町田先生は週一回のペースでこのような出題と通信発行を行っている。こういう課題なら生徒たちも新聞に「もの申し」やすいのではないだろうか。

この後の第二回課題でもう一度「投書蘭」が取り上げられた。さらに第三回課題では、社会面の新聞記事に対する意見表明にも取り組んだ。このような指導を丁寧に繰り返し、やがては「社説」や「一面コラム」に対しても「もの申す」ことのできる力を育てていければ良いと考えている。

6 高等学校の「社説の比較入門」の授業
——比較から主体的評価へ

丸山 義昭（新潟県立長岡大手高等学校）

今回、取り上げた社説は、次の二つである。（①②…は形式段落であり、丸山が付けたもの。稿の都合で段落の改行を続けて表記した。）

●二〇一一年四月一九日付 読売新聞朝刊社説

小学生6人死亡／通学途中の惨事を繰り返すな

①子供たちのいつもの登校風景が、一瞬にして惨劇に変わった。②一八日朝、栃木県鹿沼市で、国道脇の歩道を集団登校していた小学生の列に、クレーン車が突っ込み、児童6人の命が奪われた。③登下校中の交通事故としては、近年最悪の出来事である。④なぜこんなことになったのか。原因を徹底究明し、あらゆる再発防止策を採らねばならない。⑤小学生たちは20～30人で道路の左側、幅5メートルの歩道上をきちんと縦に並んで歩いていた。⑥前方から来た12トンのクレーン車は、対向車線をはみ出して歩道の縁石を越え、列の真ん中付近の子供たちを次々にはねたという。歩道にガードレールはなかった。⑦現場は片側1車線の見通しのいい直線道路だった。子供がいれば徐行するなど、乗用車でも細心の注意を払うのが当然だ。重機ならば、なおさらだろう。事故当時のクレーン車の速度は不明だが、ブレーキ痕はなかった。⑧自動車運転過失傷害の疑いで現行犯逮捕された運転手は、事故直後、放心状態で「すみません、すみません」と繰り返していたという。警察によると、飲酒運転ではなかったようだ。⑨事故の状況や背景をよく分析した上で、ガードレールや縁石を増強するなど、通学路の安全確保策を講じる必要もあろう。⑩登下校中などの生徒や児童、園児らが犠牲になる交通事故は、たびたび起きている。⑪2006年9月には、埼玉県川口市で、保育士に引

率されて散歩中の園児の列に　乗用車が突っ込む事故があった。ドライバーが音楽プレーヤーを操作しようと脇見運転したことが原因で、4人が亡くなり、17人が重軽傷を負った。[12]この事故などを機に、業務上過失致死傷罪（最高刑・懲役5年）より重い自動車運転過失致死傷罪（同7年）が新設されている。[13]だが、当時も交通事故の被害者遺族などからは、結果の重大さに対して刑の上限がまだ軽すぎる、との指摘があった。[14]今回、6人もの児童が亡くなったことで、こうした声が再び強まるだろう。[15]自動車事故については、ほかにも危険運転致死傷罪（同20年）が設けられ、飲酒運転の最高刑も引き上げられるなど、刑事責任を重く問う法改正が行われている。[16]自動車を運転する人は今一度、気を引き締めてもらいたい。重大事故を起こしてから後悔しても、取り返しはつかない。

●二〇一一年四月二〇日付　毎日新聞朝刊社説

児童6人死亡事故／通学路の安全を守れ

[1]集団登校中の小学生の列に12トンのクレーン車が突っ込む。想像しただけで背筋が凍りつくようだ。栃木県鹿沼市の国道で起きた事故で6人の児童が亡くなった。登下校中の子どもの交通事故被害は何度となく繰り返されてきた。どこかに問題はなかったのか、徹底

した原因究明と再点検が必要だ。このような悲劇は絶対にあってはならない。[2]クレーン車は反対車線からセンターラインを越えて歩道に突っ込んだ。現場にブレーキ痕はなく、自動車運転過失致死容疑で逮捕された運転手（26）は「居眠りしていた」と供述している。クレーン車が出発した職場からわずか700メートルの距離でどうして居眠りを招いたのか。心身の健康状態や労務管理に何らかの原因がなかったか究明が必要だ。[3]現場は追い越し禁止で片側一車線の幅約9メートルの道路。子どもたちがいた歩道は幅約5メートルで、車道と歩道の間には自転車用の通行帯もあった。道幅が狭く歩道と車道の区別がない通学路も多いことを思えば、比較的安全と考えられてもおかしくはない。ただ、ガードレールはなく、以前に保護者から市にガードレール設置を求める声もあったという。[4]わが国は生活道路での死亡事故が主要国の中で突出して多く、犠牲者の8割が子どもとお年寄りだ。被害者の救済や再発防止の取り組みは遅れていたが、97年に登校中にダンプカーにひかれて亡くなった片山隼君（当時8歳）の事故を契機に司法手続きが見直されてきた。また、青信号で横断中に左折してきたダンプカーにひかれて亡くなった長谷元喜君（当時11歳）の家族らが中心になって、人と車が横断歩道上を通過する時間を

分ける「歩車分離式信号」を全国に広げる運動が展開されてきた。毎日新聞は01年から大阪府豊中市教職員組合などと共催で「通学路の安全を考えるシンポジウム」を毎年開催している。[5]最近は交通事故死が減少傾向にある。特に15歳以下の減少は著しく、01年に270人だったのが09年は111人と半減以下になった。通学路での被害も減っている。ただ、渋滞の抜け道として通学路を走る車の問題などは相変わらず指摘されており、死亡に至らない人身事故はまだ多い。[6]03年から通学路の歩道整備事業などは全国で行われてきたが、路側帯やガードレール、歩車分離式信号が必要な場所はたくさん残っている。また、どんなに道路設備を整えても今回のような運転手の不注意による事故が起きることを考えれば、通学時間帯の車の通行規制や大型車両の通行禁止なども検討すべきではないか。子どもの安全を第一に考える社会にしよう。

1　指導過程と構造よみについて

阿部昇氏の論文「社説の読み方解説[1]」に拠りながら、指導過程は、（1）表層のよみ（2）構造よみ（3）要約（4）社説を読み比べて評価する、とした。さらに（4）は、①「見出し」と意見・主張を比べる②取り上げている事実の違いと同一の事実の取り上げ方の違いを明らかにする③それぞれの社説について評価する、に分けた。

授業では最初に表層のよみをおこなった後、次のような指標にしたがって、構造をおさえた。

【三部構造の指標】

●前文　問題提示もしくは話題提示
●本文
●後文　全文のまとめ、全文の結論、もしくは特に付け加えたいこと、新たな問題提示

読売新聞社説では、前文が[1]であり、話題提示である。後文は[16]で、全文の結論である。

毎日新聞社説では、前文は[1]であり、こちらは問題提示となっている。後文は[6]であり、全文の結論である。

構造をおさえた後で、今度はそれぞれ三〇〇字以上四〇〇字以内で要約をさせた。

2　「見出し」と意見・主張を比べる

読売新聞　タイトル　小学生6人死亡
見出し　通学途中の惨事を繰り返すな

毎日新聞　タイトル　児童6人死亡事故
見出し　通学路の安全を守れ

授業では、見出しはそれぞれ全文の結論と結びついていることに気づかせた。読売は、「自動車を運転する人は今一度、気を引き締めてもらいたい」と、毎日新聞も最後の「通学時間帯の車の通行規制や大型車両の通行禁止なども検討すべきではないか」と結びついている。

3　総合的な比較から評価へ

指導過程の（4）②③については、実際には授業時間の制約から、それぞれ論述の流れを比較し、評価するという形で、総合的に行わざるを得なかった。まず、私自身がどのように比較し、評価したかについて左に紹介しておこう。

●読売新聞

原因の徹底究明と再発防止策と言うが、運転手側の原因としては、情報が「ブレーキ痕はなかった」ことと、「飲酒運転ではなかったようだ」ということしかなかったため、運転手の運転態度へと論が流れていった。

通学路の面では、クレーン車が縁石を越えたことと、ガードレールがなかったことから、ガードレールや縁石の増強を主張しているが、全国の通学路の実態にまでは話が及んでいない。

過去の事故の取り上げ方は、刑の上限が重くなった事故を取り上げ、被害者遺族の声を紹介し、今回の事故についても「こうした声が再び強まるだろう」という観測の形をとりながら、暗に筆者自身も厳罰が必要との意見を匂わせている。しかし、被害者遺族の感情に対する配慮という点では、厳罰の必要性もあり得るだろうが、厳罰化によって運転手の意識が高まるかどうか、運転態度が向上するかどうかは議論の分かれるところである。それでそうしたことが筆者の念頭にあるのか、明快に、かつ、強く厳罰化を主張する文章にはなっていかない。

「厳罰化」についての筆者の態度・主張は曖昧であるし、結局、運転者の「気の引き締め」を訴えて終わるあたりが、これで本当に見出しの「繰り返すな」ということにつながるのか、はなはだ不十分と言わざるを得ない。

●毎日新聞

読売より一日遅く、その後分かった事実「居眠りしていた」を、すでに分かっていた事実「職場からわずか7

00メートル」と結びつけて、「心身の健康状態や労務管理」の問題に言及したのは、その後入った情報を十分に生かしたものと言える。保護者からガードレール設置を求める声が以前にあったという事実を報じたのは、通学路の安全性に焦点化していく上で、極めて有効である。

しかも、日本の生活道路での死亡事故が主要国の中でも多いこと、犠牲者の8割が子どもとお年寄りであることを指摘し、被害者の救済として司法手続きの見直し、再発防止の取り組みとして「歩車分離式信号」のことを述べたのは、問題が具体的に焦点化されており、分かりやすく納得しやすい。そして、渋滞の抜け道として通学路を走る車の問題を指摘し、結論の「通学時間帯の車の通行規制や大型車両の通行禁止なども検討すべきではないか」を導きやすくしている。さらに、全国において、路側帯やガードレール、歩車分離式信号の未設置場所の多いことを指摘した上で、「居眠りしていた」という今回の事故のような、運転手の不注意による事故がなくならないことを前提にした「通学時間帯の車の通行規制や大型車両の通行禁止」を検討策として打ち出すあたりは、現実的で説得力がある。

その後分かった事実（居眠り運転）をしっかり踏まえ、かつ、自社の取り組み（通学路の安全を考えるシンポジウム）の成果を十分に生かした社説であり、読売よりも格段に優れた社説であると評価できる。

4 それぞれの文脈を読みとる

読売には、⑥「歩道の縁石を越え、列の真ん中付近の子供たちを次々にはねたという」とあって、事故の様子が生々しい。毎日にはこうした記述はない。読売は、小見出しに「惨事」、①に「惨劇」とあり、これらの語に対応した記述である。事故翌日の社説ゆえに、事故の衝撃性を出そうとしたのではないか、と授業ではおさえた。そして、「歩道の縁石を越え」は、⑨「縁石を増強する」という安全確保策の提案に生かされている。

両社説とも、通学路の安全性を指摘した後、子どもが犠牲になった過去の事故について言及するという流れでは共通する。しかし、その取り上げ方は全く違う。そこで授業では、まず読売について、⑬・⑭で言うところの「指摘」「声」の裏側には、筆者のどのような主張が隠されているのか、と問う。もっと厳しい罰則を筆者も望んでいるのではないかと生徒は気づくので、次に、そうだとすれば、厳罰化によってどのようなことを筆者は期待しているのだろう、と問う。すると、16の語句を使って、運転する人がもっと気を引き締めて運転すること、と生徒は答えた。そこで、厳罰化によって、果たしてそのようなことが期待できると思うかどうか、どちらかに手を挙げさせた。挙手の結果はほぼ半々であった。ここで時間があれば、その期待について、当否を討論させたいところであった（時間がないため、できなかった）。いずれにせよ、賛否の分かれるところであるから、明快な主張もできなかったのではないかと、私の推測を述べておく。

毎日の社説では、まず、過去の事故を契機に司法手続きの見直しがあったこと、また、「歩車分離式信号」を広げる運動が展開されてきたことを挙げて、全国の通学路における安全性確保の問題に焦点化していることをおさえた。「路側帯やガードレール、歩車分離式信号」など考え得る安全対策を挙げてもなお、職場から出発してわずかな距離で居眠りを起こす運転者がいるような現状があることを踏まえ、通学時間帯の通行規制や大型車の通行禁止の検討を打ち出す。そうした根拠（事実）と主張の緊密なつながりに着目させた。

そして、授業の最後にこの二つの社説以後分かったことを紹介した。具体的には、五月一〇日付の朝日新聞の記事「クレーン車運転手　起訴」を印刷して配布した。運転手は病気を持っていて、そのために居眠りをしたのである。しかも、過去にも同様の事故を起こしていたが、病気については申告していなかった。過去の事故時の捜査に問題があったわけだが、勿論、本人の責任は言うまでもなく極めて重い。

ただ、背景に、病気であることが知られると、なかなか職に就けないという厳しい雇用の現実があることにも触れて、この授業を終えた。

注

（1）阿部昇他編著『新聞活用ガイドブック』二〇一一年、秋田魁新報社

1　「動いて、考えて、また動く」（髙野進）［光村図書四年］の1時間の全授業記録

記録およびストップモーション・コメント　内藤賢司（読み研運営委員）

授業日時　二〇一一年五月二六日（木）
授業学級　立命館小学校四年Ⅰ組
　　　　　男子一五名、女子一五名　計三〇名
授業者　　永橋和行先生
　　　　　　　　　　　※教材は143頁に全文掲載

※枠囲みは、内藤のコメントである。

（黒板には、「教材名、説明的文章（説明文―しぼりこむ）」、「表そうの読み」、「深そうの読み」、「構成の読み（組み立て）」、そして段落番号1～8が書かれている。）

教師①　はい、ではいきましょう。勉強していたのは？
子ども　「動いて、考えて、また動く」
教師②　これは？
子ども　説明的文章。
教師③　の中の？
子ども　説明文。
教師④　そうですね。構成の読み取りの勉強に入っていましたね。別の言葉で言うと、組み立てを読むということですね。説明文の組み立てってどういうこと。
子ども　前文、本文、後文です。
教師⑤　前文、本文、後文に読み取るっていうか分けることですね。どういうふうにやりましたか？　ノート確認してくださいね。どうぞ。
子ども　1段落が前文で、2段落から6段落が本文で、7段落から8段落が後文と読み取りました。
（教師は段落番号の上に「前文、本文、後文」と書く。）
教師⑥　はい、これで構成の読み取りは終わりですか？
子ども　いや、違います。その中をまた分けます。

手際よく説明文の読み取りの手順を確認している。子どもたちは、読みの手順がよく分かっている。前学年からの積み上げがなされていることがわかる。

教師⑦ それでは今日は、その勉強をしていきましょう。では、いつものように、8段落ですから、8人の人に読んでもらいます。

教師⑧ （8名の音読を終えて）どうもありがとう。さて、どうですか。今全部読んでもらいましたが、今日勉強するのは、2段落から6段落までです。それでは、まず、いつものように、一人で考えてみてください。必要ならノートや教科書を見てもいいですよ。どうぞ。

教師は、いくつに分けるのかを指示していない。教材の内容からすると、様々な考えが出る可能性がある。子どもたちには、かなり難しい課題になっている。ここは、大きく二つに分けてみようというような指示を出していた方がよかった。

教師⑨ （しばらくして）ちょっと一旦止めて。一応自分なりに本文を分けられた人はどれくらいいますか？ 結構いますね。それじゃ、次にペアで相談を始めてください。はい、どうぞ。

個→ペアの流れで検討をさせている。個→班の流れで検討させる場合もあるはずだが、子どもたちは、この流れに慣れているようだ。熱心に話し合っている。

教師⑩ あと一分です。発表の準備をしてください。理由も考えてね。理由がないと説得できないからね。（一分後）はい、やめてください。

子ども 私は、2段落と3段落で一つ、4と5で一つ、6で一つです。

（教師は、黒板に書いてある段落番号の下に子どもが言った分け方を明示していく。以下子どもの発言のたびに同じようにする。）

教師⑪ 三つに分けたんですね。これは①という番号にしましょうね。理由を教えてください。

子ども 7段落を見てください。そこに「自分に合ったあしの動かし方や、うでのふり方」って書いてあるか

ら、あしの動かし方は、4、5に書いてあって、うでのふり方は6に書いてあるからです。

教師⑫ はい、その他ありますか。

子ども はい、僕は、2段落が本文Ⅰで、3段落と4段落が本文Ⅱ、5段落6段落が本文Ⅲだと思いました。理由は、2段落「きっかけは」と書いてあるから、走り方の工夫の始まりみたいなことが書いてあって、4段落は、3段落は「そこで」と書いてあるから。3「後から考えて分かったのですが」と、結果みたいなことが書いてあるからです。3段落と4段落がつながっていて、あと5段落は「もう一つの」と書いてあるから、それは、3・4段落と分けてあるからです。

この子はかなり重要な発言をしている。2段落を「きっかけ」と捉えたり、3段落と4段落は走り方の「始まり」とその結果でつながっていると捉えたり、5段落は「もう一つの」に着目して、それまでとは分かれていると捉えている。

教師⑬ 「もう一つ」だから、5からまた別のことじゃないかっていう言い方ね。

子ども あと、6段落には「あしの動きと同時に」と書いてあるから、一緒につなげて言っているみたいな感じで書いてあると思いました。

子ども 同じです。同じです。

教師⑭ 今の意見を②とします。他にありますか?

子ども 私は、2段落と3段落が本文Ⅰで、4段落が本文Ⅱで、5段落と6段落が本文Ⅲだと思います。理由は、2段落に「何かがちがうのではないか」と書いてあって、そこで、運動とかを3段落でしているから同じグループと思いました。4段落は「後から考えて分かったのですが」って書いてあるから、違うと考えました。それで、5段落も「もう一つの」って書いてあるから、4段落とまた違うと思いました。

教師⑮ これは③の考えですね。今三つ出ました。他の分け方ありますか?

子ども 私は、2段落と3段落が本文Ⅰで、4段落から6段落が本文Ⅱだと思います。

教師⑯ あなたは二つですね。④番目の考え方ですね。理由どうぞ。

子ども 理由は2段落を見てください。「ひざを高く上げて」「あしを思い切り後ろにける」は、[4]段落にも[5]段落にも書いてあるし、しかも、[4]段落からはひざを高く上げる動作は「意識して行うことが大切なのだと気がつきました」と、これはもう要約しているみたいな書き方になっているので一つにまとめました。

教師⑰ わかりました。まだ⑤番目の考えもあるんですか？ すごいね今日は。

子ども 僕は[2]段落と[3]段落と[4]段落が本文Ⅰで、[5]段落と[6]段落が一つずつだと思います。

教師⑱ [5]段落で一つ、[6]段落で一つ、一つずつですね。何でですか。

子ども [2]段落の「苦しくて最後まで力が続かないのです。」と[3]段落の「ひざを高く上げるような、大きな動作をせずに走ったらどうなるのか」とはつながっていて、[3]段落と[4]段落は、[3]段落に「ひざを高く上げるような、大きな動作をせずに走ったらどうなるか」と書いてあって、[4]段落にも「ひざを高く上げることばかりを考えすぎていました」ってことは、ここもあしのことが書いてあるのでつながっていると思いました。[5]段落で「もう一つの」と書いてあったから、ここは分けてあると思いました。[6]段落は「あしの動きと同時に、うでのふりも」と書いてあるから、うでとあしで違うから別のことだと考えました。

> それぞれの理由付けには感心する。ただし、例えば[5]段落に「もう一つ」があるから[4]段落とは区別するとしても、[5]段落が[6]段落と一緒になったりするなど、子どもは段落相互の関係、すなわちひざとあしとうでとの三つの関係がまだよく見えていない。大きく分けると[2]〜[5]が本文Ⅰであり[6]が本文Ⅱとなるべきものである。本文Ⅰと本文Ⅱは並立の関係である。この大きな分け方と、本文Ⅰの中の細かな分け方とが同時に展開されていたためにやや混乱が見られる。

教師⑲ 五つ出ましたか。いよいよ全体討論に入っていきます。ここから自分の考え、賛成意見、反対意見を出してください。では、どうぞ。

> 個→ペア→全体という流れは、学び合いという点から大切である。ペアでもみ合い、全体でもみ合う。相手を説得しようとする中で論理的な力もついてくる。

子ども 僕は、②番が正しいと思います。[2]段落では、きっかけが書かれていて、[3]段落と[4]段落には、「ひざを高く上げるような大きな動作をせずに走ったらどうなるのか」って考えが書かれていて、5段落の最初に「もう一つの『あしを思い切り後ろにける』」って書いてあって、6段落にも「あしの動きと同時に」と書いてあるから、5段落の続きになると思います。

教師⑳ はい、分け方がたくさん出ているから、先生がみんなの意見を整理整頓していこうと思います。3段落と4段落はつながってるという意見が出ました。ちょっとこれから明らかにしていきましょう。3段落と4段落は果たしてつながってひとまとりとして読みとった方がいいのかな。3段落と4段落落は同じだという人もいますね。ちょっと内容を確認しましょう。3段落を読みましょう。（全員で読む）

全体討論を展開するのは無理だと考えた教師は、ここで、それぞれの段落の内容を一つ一つ検討していくことにする。そうすることで、段落関係を明確にしようとしていく。ここから、以下のように、教師が引っぱっていく展開となった。

教師㉑ これは、簡単に言うと何のことが書いてあるの？

子ども 簡単に言うと、ひざを高く上げて走ってみなさいとコーチから言われたんだけど、何か違うのではないかと思い始めたということ。

教師㉒ そう、前はとにかく走るときはひざを高く上げなさいってコーチに言われてた。つまり何のこと？

子ども 3段落はひざのこと。

教師㉓ ひざですね。ひざについての疑問ですね。実際にはそんなに高く上げなくてもいいということが分かったのですね。「ひざ」って書いておきます。次に、4段落をみんなで読んでみましょう。（全員で読む）

教師㉔ 何のこと、書いてあった？

子ども ひざ。ひざです。

教師㉕ ひざでしょ。何人かの人が「後から考えて」だから、別の話だという言い方をしたよね。でもそれは、言葉ではそう書かれているけれども、内容は実は？

子ども 一緒。

教師㉖ つまり4段落も、

子ども ひざ。

教師㉗ ひざの説明ですね。しかも、ひざを高く上げなくてもいいみたいと書かれているので、3段落と4段落はどうなりますか？

子ども　同じ。つながっている。

教師㉘　みなさん、いいですか。[3]段落と[4]段落を分けている人いいですか。納得ですか。じゃあ、[3]段落と[4]段落は一応決着がつきました。

教師㉙　次は[5]段落を見てください。[5]段落には「もう一つ」というのが書いてあります。別の「もう一つ」のことだから、そこは切れているという言い方をした人がいました。ここはどうなんですか？　これを確認しましょう。[5]段落、読みますよ。（全員で読む）

教師㉚　[5]段落は、ひざのことだったですか？

子ども　あし。あしだった。

教師㉛　はじめはコーチに一つ言われましたね。ひざを高く上げなさいっていうことと、もう一つは、

子ども　あしを思い切り後ろにけりなさいということ。

教師㉜　あしを思い切り後ろにけりなさいですね。ということは、あしを後ろにけることですよね。あしということでは一緒かもしれないが、ひざとあしでは？

子ども　違うかな？

教師㉝　別ですね。だから、やっぱりここで、[4]段落で切ることは、みんな納得ですか？

子ども　はい。

教師㉞　うーん、分かってきましたね。ということは、どうやら、[3]段落と[4]段落はつながっていて、ひざのことが書かれている。そして[5]段落はあしを後ろにけることについて書いてあるみたいですね。では、[2]段落と[6]段落はどうなるんだろう？　ちょっと[2]段落を見てみましょうか。

教師㉟　[2]段落を読みます。さん、はい。（全員で読む）

教師㊱　[2]段落は何て書いてありましたか？

子ども　きっかけ。

教師㊲　きっかけ。どんなきっかけが書いてあった？

子ども　走り方を工夫したきっかけ。

教師㊳　この走り方はおかしいのではないか、というきっかけが書いてありましたよね。おかしいというのは、どんなことですか？　どんな疑問ですか？

子ども　「あしを思い切り後ろにける」ということ。

教師㊴　はい、それと、

子ども　「ひざを高く上げる」ということです。

教師㊵　あれ、二つ書いてあるね。ひざのことと、あし

を後ろにける。二つの疑問が出てきました。ということは、2段落は、3段落4段落とどういうつながりになっているのですか？

子ども ……。

> この問いかけは難しい。2段落は3～4段落の「ひざ」と5段落の「あしを後ろにける」についての問題提示の働きをしている。2段落の位置づけは次の論理読みで行わせるべきである。

教師㊶ 難しいですね。では2段落と、3段落4段落のつながりの関係は置いておいて、あとで考えます。

教師㊷ 最後、6段落いきましょう。みんなで読みます。さん、はい。

子ども （全員で6段落を読む）

教師㊸ はい、6段落はまとめると何のことですか？

子ども うで。

教師㊹ うでのふり方についてですね。5段落と6段落の関わりは分かりましたか？

子ども つながっていません。別々になっています。

教師㊺ では、ちょっと質問しますよ。本文を、まず、大きく二つに分けてみたらどうなりますか？

子ども ……。

教師㊻ ヒント。一番初めに出た意見です。7段落です。7段落の第一文をもう一度読みましょう。さん、はい。

子ども （全員で7段落の第一文を読む）

教師㊼ 分かりましたか？　何と何に分けているの？

子ども あしの動かし方と、うでのふり方です。

教師㊽ だとすれば、これはどんな二つに、分ければよろしいですか？　まず二つですよ。

子ども 2から4段落と、5から6段落だと思います。

教師㊾ この分け方でいいですか？

子ども いいです。

教師㊿ ここですか？

子ども いや。えっ？　違う、違う、絶対違う。

教師(51) （2段落と4段落を指して）あしのことを書いてあるのはここですか？

子ども 2段落から5段落です。

教師(52) 2段落から4段落と、2段落から5段落と、どっちですか？

子ども 2段落から5段落です。同じです。

教師(53) 2段落から5段落でいいですか？

子ども　はい。

教師㊿④　つまり、[2]段落から[5]段落があしのこと。それから[6]段落がうでのことという考え方をすると、大きく二つに分けられることが分かりましたね。

この大きく二つに分ける（本文Ⅰは「あし」のこと、本文Ⅱは「うで」のこと）ことから本時をスタートさせたかった。二つに分ける過程で、本文Ⅰの内容もかなり見えてきたはずである。子ども同士の学び合いからそれができていたはずである。

教師㊿⑤　問題はここからです。うでのことは[6]段落だけだからいいですね。では[2]段落から[5]段落は、さらにどう分けられるの？　さっきはどこまで分けましたか？

子ども　………。

教師㊿⑥　どれとどれが一緒だったですか？

子ども　はい、[3]段落と[4]段落です。

教師㊿⑦　そうですね。[3]段落と[4]段落は、ひざのことでしたね。それから[5]段落はどうでしたか？

子ども　あしを後ろにけること。

教師㊿⑧　そうですね。さて[2]段落はどうなりますか？

子ども　きっかけ。

子ども　ひざとあしのけり方の二つの疑問が書いてある。

教師㊿⑨　そうですね。[2]段落には何かが違うのではないかと悩み始めたことが二つ書いてあったね。（板書）

教師⑥⓪　以上の分け方でいいですか？

子ども　はい。

教師⑥①　ノートに書いてみてください。（教師は構造を板書）

この板書には読み取ったときに確認されたことが書かれている。[2]段落「ひざ」と「あしを後ろにける」。[3]段落「ひざ」。[4]段落「ひざ」。[5]段落「あしを後ろにける」。

教師⑥②　今日はこれで終わりましょう。

永橋先生の指導には、学ぶべき点が多くある。一人ひとりの発言をあたたかく受け入れ、その内容を丁寧に確認している。集中の指示、相手を見て話すこと、姿勢の指示などもきちんと指導している。説明のしかたも短く的確である。永橋先生と子どもたちとの呼吸もぴったりで、子どもたちは安心して学び合っている。よく挙手もし、学習に積極的に取り組んでいる。読み取りの力を伸ばしている。

動いて、考えて、また動く

髙野　進

1　運動でも勉強でも、「まず動く、そして考える」ことが大切です。そうして何度も成功や失敗をくり返しながら工夫を重ねると、きっと、自分にとって最高のものを実現できます。わたしは、かつて陸上四百メートル走の選手であり、今はコーチとして指導をしています。最高の走り方を目ざして取り組んできた長年の経験から、そのように考えるようになりました。

2　わたしが走り方を工夫し始めたきっかけは、高校生のとき、当時取り組んでいた走り方にぎもんを感じたことでした。それは、「ひざを高く上げて」「あしを思い切り後ろにける」、つまり大きな動作で走るというものです。そうすれば、速く走れるといわれていたのです。わたしは毎日毎日この練習をくり返していました。けれども、この方法で四百メートルを走ると、苦しくて最後まで力がつづかないのです。「何かがちがうのではないか。」と、なやみ始めました。

3　そこで、わたしは、少しでも楽に走れないものかと、べつの走り方をあれこれためしてみました。あるとき、ひざを高く上げるような、大きな動作をせずに走ったらどうなるのか。」と思いつきました。静岡県の記録会でためしてみると、予想をはるかに上回るすばらしい結果が出ました。このとき、必ずしも大きな動作で走るのがよいとはかぎらないのだと思いました。

4　後から考えて分かったのですが、それまでのわたしは、走るとき「ひざを高く引き上げる」ことばかりを考えすぎていました。たしかに、ひざを高く上げることは必要です。でも、それは地面をより強くふむために必要なのであり、ただ高く上げることに意味があるわけではないのです。同じひざを高く上げる動作でも、地面を強くふむことを意識して行うことが大切なのだと気がつきました。

5　もう一つの「あしを思い切り後ろにける」ことについては、それからしばらくして、べつの発見をしました。あしを後ろにけるのではなく、体の下にしぜんに下ろしていく感じで走るとよいのです。走るときは、ついあしを後ろにけって、その力で前に進もうとしてしまいます。しかし、これではあしが後ろにのこってしまい、そのあしを前にもってくる分のむだが生じます。忍者がぴたあっと下り坂をかけ下りていくようなイメージで走ると、体のむだな動きがなくなり、すうっと進んでいけます。

6　あしの動きと同時に、うでのふりも重要です。このことは、陸上をつづけているとだれもが気づくことです。陸上では、「うでで走れ。」という言葉があるほどです。ためしに、両手を後ろに組んで数十メートル走ってみてください。このほうが速く走れるという人はいないでしょう。これでは、着地するごとにかたがゆれてしまい、地面を強くふむことができません。右あしを出したときに左うでを前にふる、左あしを出したときに右うでを前にふるようにすれば、体全体のバランスが取れて、うでの力も使って力強くふみつけることができるのです。

7　このように、いろいろためしながら、自分に合ったあしの動かし方や、うでのふり方を考えました。そうすることによって、自分にとって最高の走り方を見つけることができた気がします。人によって、ほねの長さや筋肉のつき方はちがいます。ですから、習ったことをなぞるだけでは、自分に合った走り方を身につけることはできません。何がむだか、そうでないかは、自分で動いてみて発見するしかないのです。

8　こうした経験からみなさんにつたえたいことは、自分にとって最高のものを実現するためには、「まず動く、そして考える」ことが大切だということです。自分なりの工夫も発見も、そこから始まります。自分から積極的に動いてみましょう。そうして、成功や失敗をくり返し、工夫を重ねていくことで、あなたにしかできない方法が、きっと見つかるはずです。

（ふり仮名省略 光村図書『国語四年上』、三八～四三頁）

2　授業へのコメント——その1
——段落相互の関係についての構造的把握に甘さがある

阿部　昇（秋田大学）

1　本文に根拠を求めつつ子どもたちの「試行錯誤」を生み出している

永橋先生は、子どもたちに「本文」の構造について、まずは自分たち自身の力で考えさせている。そして五つの構造試案を提示させている。まずその点が評価できる。

子ども自身に迷わせることなく教師が「上手な」発問や助言で「正しい」答えに導いていくような授業もある。永橋先生はそうではなく、子どもの「試行錯誤」を大事にしながら、その迷いを新しい発見、新しい読み方の気づきに結び付けようとしている。

それも、教師⑩「理由も考えてね。理由がないと説得できないからね。」と根拠を同時に考えることも促している。だから、子どもたちは自分の構造論の根拠となる本文中の文や語を挙げながら発言している。子どもは、たとえば2段落「ひざを高く上げて」「あしを思い切り後ろにける」を指摘している（教師⑯の後）。3／4段落の「ひざを高く上げる」ことに関する指摘もある（教師⑲の後）。6段落「あしの動きと同時に、うでのふりも」への指摘（教師⑱の後）、7段落「自分に合ったあしの動かし方や、うでのふり方」への指摘（教師⑪の後）もある。いずれもかなり重要な箇所を指摘している。「あしの動きと同時に、うでのふりも」（7段落）に関する読み取りには誤りもあるが、授業ではその読み誤りも大切な学びのチャンスに転化できる。ここまで子どもたちが本文中に根拠を求めることができているのは、永橋先生のこれまでの指導の成果であると言える。

2 段落相互の関係を構造的に読ませていない

「構造よみ」では、その名称のとおり段落相互の関係を大きく構造的に読ませていく必要がある。子どもは狭い範囲にしか目がいかないことがある。大きく俯瞰することで、見えなかった文章の構造、大きな段落相互の構造が鮮やかに見えてくることを学ばせていく必要がある。

しかし、永橋先生の指導では、隣り合った段落相互の関係に子どもの読みを止めてしまっている。教師⑳で永橋先生は、3段落と4段落を「つながってひとまとまりとして読みとった方がいい」かどうかを問うている。そして、3段落の「ひざ」と4段落の「ひざ」の共通性から3段落と4段落が「つながっている」と導いている。

しかし、それだけだと「4段落は『後から考えて分かったのですが』って書いてあるから」(教師⑭の後) 3段落と4段落は分かれると読んだ子どもの疑問には答えられていない。確かに同じ「ひざ」でも、3段落は「思いつき」「すばらしい成果」を出したこと、4段落は「後から考えて」その根拠・理由を見いだしたこと——と二つに分けられるとも考えられそうである。さらに言えば、「ひざ」という言葉は2段落にもある。

ここでは、まず2段落の「ひざを高く上げて」と「あしを思い切り後にける」という二要素に「ぎもん」を感じたことに着目させる必要がある。そのうちの前者が3段落「ひざを高く上げるような大きな動作をせずに走ったらどうなるのか。」と4段落「『ひざを高く引き上げる』ことばかりを考えすぎてい」たに対応すること、そして後者が5段落の「あしを思い切り後ろにける」ことへの疑問に対応することに気付かせていくことが有効である。いずれもカギ括弧で囲まれており、比較的その部分への着目は容易である。

それなしに二つの段落が「ひとまとまり」かどうかを問い、「ひざ」という言葉レベルだけの検討を行わせても、構造的に文章を読む力をつけることは難しい。

教師㉜でも、5段落に着目させ「ひざとあしでは?」同じか違うかを永橋先生は問うている。子どもは自信なげに「違うかな?」と答えている。しかし、これは単語レベルで「ひざ」と「あし」は同じかどうかを問題にしているように子どもには見えてしまう。「ひざ」と「あし」は違うと言えば違うが、大きく「脚」というレベルで見れば同じ部位に含まれると言える。ここでは、そのレベルではなく、2段落の二要素との関係で、3／4段落と5段落では注目点が移っていることに気付かせる必要がある。（永橋先生が2段落に注目させるのは、やっと教師㉟になってからである。）

子どもは、教師㊽の後で、本文を大きく二つに分けると、「2から4段落と、5から6段落」と答えている。次の子どもも「いいです。」と続く。右の2段落と3／4段落、2段落と5段落の段落構造が全く見えていないことが、これらの発言からわかる。

3　後半の「試行錯誤」が不十分である

この授業は、前半では子どもたちの「試行錯誤」を大切にしているが、教師⑳以降最後までほぼ教師が助言・誘導を行いながら構造を読ませるかたちになっている。後半でも子どもたち自身が「試行錯誤」をしながらより高い読みとりに到達する授業にしていくことができたはずである。

急に討論することは難しいかもしれないが、各段落の柱となる文や語句に着目させ、それを根拠に段落相互の関係を考えていくという方向での授業構築は十分に可能であったはずである。2段落は「ひざを高く上げて」「あしを思い切り後にける」ことへの「ぎもん」という「きっかけ」。3段落は「ひざを高く上げるような、大きな動作をせずに走ったらどうなるのか。」を「思いついたこと」。4段落は「ひざを高く引き上げる」ことばかりでなく「地面を強くふむことを意識して行うこと」の大切さ。5段落は「あしを思い切り後ろにける」ことより「体の下にしぜんに下ろしていく感じで走るとよい」こと。6段落は「うでのふりも重要」なこと。―である。

それがある程度まで確認できれば、後は子どもたちの検討にゆだねてもよかったはずである。もちろん、一人一人→グループ→全体という流れは是非必要である。

もう一つ言えば、教師⑨「次にペアで相談を始めてください。」とあるが、なぜ「ペア」なのか疑問である。十分に4人程度のグループでの学習は可能であったはずである。「ペア」も簡単な確認程度であれば有効であるが、今回の授業のような文章構造を俯瞰するという高度な学習内容の場合、4人程度のグループでの学習が効果的である。「ペア」の学習、それもたった一回だけの話し合いで終わってしまったことは残念である。

3　授業へのコメント――その2
――「自立した読み」を目指す授業

湯原　定男（岐阜県・多治見西高等学校）

1　「読み」の手順や発言の方法がよく身についている

授業記録を読み、まず感じたことは、この子どもたちが「読む」ということの手順をよく理解し、また話し合いの方法をよく身につけているということだ。

永橋先生の指導言がきわめて的確で、わかりやすいものになっているということではあるが、子どもたちはその指導言にしたがって、ねらいどおりの活動をしている。それは、日頃の指導をとおして、読みの手順や、話し合いの方法が明確に子どもたちに根付いているためであろう。

「いつものように、一人で考えてください。……どうぞ」（教師⑧）「次にペアで相談を始めてください。はい、どうぞ」（教師⑨）と、指示が明確であり、子どもたちはそのことばでそれぞれの活動に入っていく。

また、子どもたちがそれぞれ分けた箇所を発表し、その理由を説明するとき「○段落を見てください」「○段落に、……と書いてあります」とかならず本文の段落と表現をあげて説明しようとしている。これは教師⑩で、「理由がないと説得できないからね」と指導していることもあるが、ふだんの授業の中で具体的な表現をあげて理由を説明させる指導、また聞き手を意識した発言をこころがける指導が定着しているからこそだろう。

また、子どもたちの発言にある、根拠になっている箇所も、読みの上で重要な語句に注目したものであり、普段から読みの力がついていることがうかがえる。

2　本文をいくつかに分ける意味

さて、今回の授業は、「構成の読み取り」、「前文、本文、後文」と大まかに読みとった上で、「本文」をいくつかに分けることが本時のねらいとなっている。

さて、それではこの「本文」をいくつかにわけるという過程はどういう意味を持つのだろうか。

まず「前文、本文、後文」の三つにわけることは、その文章で大まかに何について述べたものかという問題提示をしめした部分（前文）、具体的な意見や説明をしている部分（本文）、それまでに述べてきたことをふりかえりながらまとめる部分（後文）を明らかにすることで、全体的な流れを大まかにつかむ過程である。これがわかることで、本文全体の流れの中で一つ一つの段落や文の意味合いを把握することができるようになる。

その上で、本文をさらに「小さなまとまり」としていくつかに分けることは、「どういう流れで説明・展開をしているのか」を把握する過程となる。この過程で大切なことは「（本文の）『小さなまとまり』相互の関係をおおまかに把握する」ことであって、ただ単に「切る」「分ける」ことだけが重要ではない。いくつかに分けることで、逆にそれらのつながり・関係つまり論理の流れが見えてくることも大切なことだといえる。

この文章の場合、〈2段落〉での二つの疑問（問題提示）を解決するのが、〈3段落・4段落〉と〈5段落〉という二つの小さなまとまりであり、これらが「あしの動かし方」として【〈2〉・〈3・4〉・〈5〉】という大きな一つのまとまりと捉えることができる。

ただし、それは6段落が「うでのうごかしかた」として今までとは違う話題だと気づいたとき、はじめて【〈2〉・〈3・4〉・〈5〉】という大きな一つのまとまりだと認識できる。さらには前半は【〈2〉・〈3・4〉・〈5〉】という大きなまとまりとして把握できるが、小さなまとまりの切れ目をそのなかに含んでいるために、子どもたちには大きなまとまりとしてわかりにくいものになっている。ここをどう子どもたちに「発見」させるか。

3　小さなまとまりから大きなまとまりへ

永橋先生の授業では、まずいくつに分けるかという指示はせず、子どもたちに本文を分けさせている。これは

「自立した読み」を目指すという点では、必要なことではないかと思う。実際自分で読むときには「二つに分けて」などと誰も言ってくれないのだから。

授業の実際ではたぶん予想より多い分け方がでてきたため、授業の後半は子どもたちが十分意見を絡み合わせることなく、やや教師主導の授業となっているが、子どもたちは、〈小さなまとまり〉をすでにある程度捉えている。子どもたちが分ける理由は次の通りである。

・2段落を考える「きっかけ」としていること。
・3段落と4段落は「考えたこと」「結果」
「ひざを高く上げること」でつながる。
・5段落は「もう一つ」とあり、前段落とは分ける。
「あしを思い切りあげる」
・6段落は「うでのふり」であり、「あし」とは違う。

小さなまとまりを捉えるという意味で、授業記録の教師⑳以降の発問で確認していくことになる。まとまりが小さいだけに、こういうやりかたになってもやむを得ないと思う。

ところが教師㊺で突然「大きく二つに分けてみたらどうなりますか？」という唐突な指導言がなされる。今回もっとも残念に思われるのはこの教師㊺である。

〈2〉・〈3・4〉・〈5〉・〈6〉という、小さな四つのまとまりから本文がなりたっていることを、子どもたちはすでに捉えている。「大きく二つ」という発問は、いったい何を子どもたちに教えようとする問いなのだろうか。

「もっとおおまかにいくつかにまとめることはできないか。」というような発問で、「あし」という共通性を見抜くことはそれほど困難ではないだろう。こうすることで、〈「まずは小さいまとまりに分ける」、そのうえで「もっとおおまかなグループにまとめてみる」〉という読みの一つの方法が子どもたちに見えてくるのではないだろうか。

参考文献

阿部　昇『授業づくりのための「説明的文章教材」の徹底批判』一九九六年、明治図書出版

4　授業者自身のコメント

永橋　和行（京都府・立命館小学校）

1　文章全体を俯瞰させることの重要性

小学校中学年にとって文章全体の構成を読み取ること、つまり文章全体を前文・本文・後文に分けたり、本文をさらにいくつかに分けたりすることは様々な優位性があり、重要な学習であると考え実践をしている。

たとえば、文章全体の大きな論理の流れが俯瞰できること、「前文」「本文1」「本文2」……「後文」といったまとまりを把握することで、小さな論理の塊が見えてくること、文章の大きな仕掛けや表現上の特色が見えることなどである。それらが見えていることで、次の指導段階である、より詳細な論理の読みとりや文章吟味が、より効果的に行えると考える。

私は、説明文の構成の読み取りでは、次の手順で指導している。

⑴　問題提示（問い）がどこに、どのように書かれているのかをつかむ。（これで前文がわかる。）

⑵　問題提示（問い）の答えがどこに、どのように書かれているのかをつかむ。（答えは、後文もしくは本文の終わりにまとめて書かれていることもあれば、本文でまとめてそこで終わっていることもある。）

⑶　上記の⑴⑵にもとづいて「前文」「本文」「後文」を把握する。

⑷　「本文」をさらにいくつかのまとまりに分ける。（話題や内容を考えて本文1・本文2……と分ける）その際に、「本文1」「本文2」……相互の関係を把握する。（並列か、累加か、発展か、等）

2　本時の授業を振り返って

本文をどう分けさせるのか。今回の授業は、文章全体を前文・本文・後文に分けた後、本文をさらにいくつかに分けるのかという授業であった。子どもたちは全員ではないが、三年生から私の授業を受けており、ある程度「説明文の授業」の学び方は分かっていた。

さて、今回私は、「二つに分けなさい。」とか「三つに分けなさい。」と発問しなかった。「本文をどう分けますか。」と発問した。三年生の時は数を指定して、本文をいくつかに分けてきた。四年生ということで、今回初めて数を指定せずに分けさせてみたのである。実際に授業を行ってみて、少し無理があったかとも思った。何通りも考え方が発表されて、子どもたちは混乱したようだった。だから、今回も「まず本文を大きく二つに分けましょう。」そして「本文Iをさらに分けましょう。」と二段階に分けて、授業を進めた方がよかったのかもしれない。

3　対話・討論のある授業をめざす

今回のように文章全体の構成の読み取りの違いを明らかにしながら一つに絞り込んでいく授業では、教師の発問にただ答えるだけではなく、学習集団を生かした討論の授業が有効だと考えている。前文・本文・後文がどこになるのかや、本文をさらにいくつかに分けるのかという過程で、討論が生きてくる。授業に討論を取り入れることで相手とコミュニケートする力、相手を真理と論理に基づいて説得する力も身に付く。さらに討論を経て真理にできるだけ近づこうとする態度も身に付けさせたいと考えている。そのためにみんなでいろいろ意見を出し合いながら（討論しながら）読み取りを深める授業にしていきたいと考えている。

今回の授業は、個人思考→ペアでの話し合い→全体での話し合い―というすすめ方で授業を行った。小グループの話し合いの指導やリーダーの指導が十分にできていないために、話し合いが上手く噛み合わないことも多い。しかし、学級の子どもたちはいつもよく発言をする。積極的に発言をする子どもが多いのでもっと鍛えて、子どもどうしでどんどん学習を進め、深めていけるような学習集団に育てたいといつも思っている。そのためには、グループでの話し合いの仕方の指導だけではなく、学習リーダーの指導も計画的に行う必要があると考えている。

1　新学習指導要領の問題点
――国語の「基礎・基本」をどうとらえるか

柴田　義松（東京大学名誉教授）

「生きる力」をはぐくむという「基本理念に誤りはないものの、それを実現するための具体的手立てに関し、課題がある」と中教審答申『新しい時代の義務教育を創造する』（二〇〇五年）以来言われ続けてきている。ここで「課題がある」というのは、「生きる力の育成において重視されたはずの「思考力、判断力、表現力」などが子どもたちに十分に身についていないことが、国内外で行なわれた諸種の学力調査で明らかにされたことを指している。したがって、新学習指導要領（二〇〇八年）においては、それに対する「具体的な手立て」として教育方法の改善に重点が置かれることになった。

そのことが「第1章　総則」の「第1　教育課程編成の一般方針」の中で、まずは「基礎的・基本的な知識及び技能を確実に習得させ、これらを活用して課題を解決するために必要な思考力、判断力、表現力その他の能力をはぐくむとともに、主体的に学習に取り組む態度を養い、個性を生かす教育の充実に努めなければならない」という言葉で表現されている。

「基礎的・基本的な知識・技能の確実な習得」とともに「思考力、判断力、表現力」といった「活用力」の育成に力を入れるということである。

そのことは、さらに「総則」の「第4　指導計画の作成等に当たって配慮すべき事項」においても「各教科等の指導に当たっては、児童の思考力、判断力、表現力等をはぐくむ観点から、基礎的・基本的な知識及び技能の活用を図る学習活動を重視するとともに、言語に対する関心や理解を深め、言語に関する能力の育成を図る上で必要な言語環境を整え、児童の言語活動を充実すること」と書かれている。

ここでは、「言語活動の充実」ということが加わっているが、いずれにしても知識を活用する能力の育成を重視し、そのような学習活動の指導に力を入れようとしていることがわかる。そのことは具体的には、国語・算数など各教科の「各学年の目標及び内容」の中の「内容」の項目が以前の学習指導要領と比べいちじるしく増えていることに表れている。たとえば「国語」では、「話すこと・聞くこと」「書くこと」「読むこと」の活動例もいちじるしく増えているが、さらに「次のような言語活動を通して指導するものとする」という項目が新設されたほか、従来の「言語事項」が「伝統的な言語文化と国語の特質に関する事項」に改められ、内容的にも強化されている。

ただし「言語活動の充実」において本来もっと重視されるべき「討論」の取り上げ方は極めて弱く、わずかに国語の5・6年「話すこと・聞くこと」の中で一ヵ所「調べたことやまとめたことについて、討論などをすること」があるだけである。

このようにして、学習活動の具体例を示すなどして指導方法の改善にまで深く立ち入ろうとしているところに新学習指導要領の重要な特徴があるのだが、そのことによって本来教育現場での「創意工夫」が尊重されるべき指導方法までが拘束され、画一化されるようなことがあってはならないだろう。

さらに、ここで注意する必要のあることは、学習活動を「基礎的・基本的な知識・技能の確実な習得」と「思考力、判断力、表現力」といった「活用力」の育成とにはっきり二分してしまっていることである。この二種類の活動は、むしろ統合的に行なわれることが大切なのであって、これらを切り離してしまうと、前者では自ずと「暗記、暗唱、反復練習」といった活動だけが重視されることになりがちだからである。

さらに、「基礎的・基本的な知識及び技能の確実な習得」にかかわってもう一つ注意すべき問題がある。「総則」の中のこの文章は、最後が「個性を生かす教育の充実に努めなければならない」という文で締めくくられている。この点は、これまでの学習指導要領でもまったく同じで、前回の一九九八（平成一〇）年改訂の学習指導要領では、「基礎的・基本的な内容の確実な定着を図り、個性を生かす教育の充実に努めなければならない」と書かれていた。

つまり、このようにして、「基礎・基本の確実な定着」と「個性を生かす教育」とがいつも対になって主張されている。そのどちらに重点があるのかが問題である。

「個性重視の原則」を教育改革の基本原則とした臨時教育審議会答申（一九八七年）以来、「個性を生かす教育」の名の下に、戦後の画一的で平等主義的な教育を排し、教育の「多様化」「選抜の機会の拡大」といった新自由主義的改革路線がとられ、今回の改訂でもその路線が踏襲されていることを考えると、「個性を生かす教育」の方に重点がかかっていると見るのが自然であろう。

「総則」の中では、「第4　指導計画の作成等に当たって配慮すべき事項」において「個に応じた指導」の重要性があらためて次のように指摘されている。「各教科等の指導に当たっては、児童が学習内容を確実に身に付けることができるよう、学校や児童の実態に応じ、個別指導やグループ別指導、繰り返し指導、学習内容の習熟の程度に応じた指導、児童の興味・関心等に応じた課題学習、補充的な学習や発展的な学習などの学習活動を取り入れた指導、教師間の協力的な指導など指導方法や指導体制を工夫改善し、個に応じた指導の充実を図ること」。

指導方法の改善にかかわることでそのほか「総則」に新たに加えられたこととして注目されるのは、「主体的に学習に取り組む態度を養」うと、「家庭との連携を図りながら、児童の学習習慣が確立するよう配慮」するがある。

ちなみに、「基礎的・基本的な知識・技能の習得」と「それらを活用する思考力、判断力、表現力の育成」にこれを加えると、これら三種類の学習活動は、今回改正された「学習教育法」の第三〇条に示された「小学校教育の目標」、すなわち「基礎的な知識及び技能を習得させるとともに、これらを活用して課題を解決するために必要な思考力、判断力、表現力その他の能力をはぐくみ、主体的に学習に取り組む態度を養うこと」に対応していることがわかる。

そのこともあって中教審はこれら三者を次のように「学力」を構成する「重要な三つの要素」として説明するようになったことに注目しておく必要があろう。

学力の重要な三つの要素。

①　基礎的・基本的な知識・技能の習得

② 知識・技能を活用して課題を解決するために必要な思考力、判断力、表現力等

③ 学習意欲

「学力」をこのように三つの要素から成り立つものと考えることには異論も少ないだろうが、このような具体的な学習活動の方法や改善の工夫は、本来、現場教師の創意工夫にゆだねるべきものなのである。

国語の「基礎・基本」をどうとらえるか

新学習指導要領で何よりも検討を要するのは、学校週五日制と「総合的な学習の時間」の新設のために削減される授業時間のなかで各教科の「基礎・基本の定着」がはたして保障されるのかという問題である。とりわけ重要なのは、すべての学習の基礎となる「読み書き算」の基礎学力がしっかりと保障されるのかということである。

国語科の時間数削減は特に大きい。小学校で二二四時間、中学校で一〇五時間の減で、九年間通して週一時間分の減である。国際的に比較してみても、日本の小・中学校の授業時間数は、欧米諸国と比べて決して多くはない。経済企画庁編の『国民生活白書　平成八年度』によれば、これまでの週六日制でも日本の学校の年間の全授業時間（自然時間）は、アメリカ、フランス、カナダ、オランダよりも短く、ドイツだけが日本よりも短い。しかも、これらの国々では国語と算数に日本よりずっと多くの時間を割いている。国語教育は、あらゆる学習の基礎となる言語と思考の能力を育てる教育である。国語の力がなくては、他教科の学習も十分にはできない。その点についての配慮が、日本の学習指導要領には乏しいように思われる。

国語科の教育内容は、今回の改訂によってかなり大きな変容を迫られることになった。それは一言でいって、コミュニケーション能力重視に向けての変化である。小学校「国語」の「目標」は次のように変えられた。

> 国語を適切に表現し正確に理解する能力を育成し、伝え合う力を高めるとともに、思考力や想像力及び言語感覚を養い、国語に対する関心を深め国語を尊重する態度を育てる。

前の学習指導要領と比べ、新しくつけ加わったのが、「伝え合う力を高める」である。教育内容の厳選が、新

教育課程の課題とされるなかで、目標に新しいことを加えるのだから、力の入れようのほどが分かる。

言葉は、たしかに人間の意思を表現し、伝え合うコミュニケーションの重要な手段であり、またこの表現能力が弱いということが、日本人の欠点として古くから指摘されてきた。国際化に対応する教育として、「国際社会において、相手の立場を尊重しつつ、自分の考えや意思を表現できる基礎的な力を育成する観点から、外国語能力の基礎や表現力等のコミュニケーション能力の育成を図ること」がますます重要となると、中央教育審議会答申（一九九六年）も指摘している。

しかし、このようなコミュニケーション能力の重視は、今に始まったものではなく、一九七七年の学習指導要領改訂の時からの重点改善事項だった。この時の教課審答申では、「国語」の「改善の基本方針」として「内容を基本的な事項に精選するとともに、言語の教育としての立場をいっそう明確にし、表現力を高めるようにする」と述べられていた。ここで注意する必要があるのは、「表現力」重視のために国語科の目標として何が削られていったかということである。それ以前の学習指導要領（一九六八年）との比較でいうと、「国語で思考し創造する能力と態度を養う」と「知識を身につけ、心情を豊かにする」という項目が削られている。つまり、言語はコミュニケーションの手段であるとともに、思考・認識の手段でもあり、われわれは、国語によって物事を考え認識し、知識を身につけているのだが、国語の教育を通して考える力や現実認識の力を育てるという観点が、それ以来一貫して弱められてきているのである。その結果がどうなったかが問題である。

客観的データが出ている英語能力についていうと、日本人は、「読めるが話せない」と昔から言われてきたが、コミュニケーション能力が重視されるようになって以来「聴きとり力」も「読む力」も、ともに落ちてきたといわれている。虻蜂取らずなのだ。実際に、そのようなデータが、アメリカ留学を希望する者が受験する英語能力検定試験（ＴＯＥＦＬ）の成績にあらわれていることを前述の経済企画庁編『国民生活白書』が伝えている。

日本人の言語表現能力が劣るのは、国民性と関連があり、その背景には歴史的、社会文化的要因があるということは、多くの人が指摘するところである。美術や音楽、詩など芸術的・情緒的表現能力では、日本人は決して劣っておらず、むしろ優れていると見られているが、その自由な自己表現を抑制する「社会的同調性」という強い対抗力がはたらくために、論理で説き明かし説き伏せるような言語表現力では劣るところがあるのだと『ライシャワーの見た日本』（徳間書店、一九九一年）などは説明している。

したがって、「伝え合う力を高める」といっても容易なことではないし、国語科だけの問題でもない。これは、特に生活との結合を図りながら、全教育活動で取り組むべき問題なのである。「伝える」ためには、伝えたいと思う内容（意思・思想）が心に醸成されていなくてはならない。内容の薄っぺらな話には、だれも耳を傾けないだろう。学校の国語教育において中心的位置を占めるのは、何といっても、読み書きの教育である。読み書きの教育を通して国語の知識と能力を豊かにするとともに、思考力や現実認識の力を養うことが国語教育のもっとも大切な仕事なのだ。

学習指導要領の改訂で、国語科の領域構成が変えられ、A表現、B理解の二領域と言語事項から、A話すこと・聞くこと、B書くこと、C読むこと、の三領域と言語事項となった。「読むこと」を最後にもってきたのも驚きだが、二〇年前に変更した三領域構成（一九七七年改訂以前）へ逆戻りするという無定見ぶりである。

人間の言語活動は、「話すこと・聞くこと」から始まるが、これらは日常生活のなかでも教えられ発達していくものである。ところが、「書きことば」の発達には特別の教育が必要であり、そのために学校もつくられたのである。子どもは、文字の読み書きを学ぶなかで、はじめて自分の言語活動や言語能力を自覚し、言葉の無自覚的な使用から、文法的に正しい言葉の使用へと移行することが可能になる。文字の読み書きが、読むことから始まり、読み方の教育が、国語科のなかで中心的位置にあることは、今も昔も変わりはない。このような現実を無視した領域構成の変更なのである。

しかし、今回の改訂でより注目されるのは、「厳選」の結果であろう。だが、国語科では事実上、「厳選」は行なわれなかったといってよい。平仮名・片仮名・漢字の三種類の文字の習得が、日本の子どもにとって大きな負担になることは、内外の研究者が認めるところである。「授業時数の縮減以上に思い切って厳選する」というのなら、何よりも漢字学習の負担軽減を考え、漢字の指導数削減を図るべきなのに、それはしないで、漢字の「読みの指導は基本的に現行どおりとしつつ、書きの指導については上の学年までに確実に書けるようにする」という、漢字指導の実際を無視した奇妙な「改善」にとどまった。これまでの二回の学習指導要領改訂（一九七七年と八九年）で、教育漢字八八一字を一〇〇六字にまで増やしてきた手前もあって、削減に踏み切れなかったのかもしれないが、これはむしろ多くの研究者の意見も入れて、八〇〇字程度に戻すべきであった。

低学年での文字指導はいまや大変で、一年生から平仮名・片仮名の上、漢字八〇字まで教えるという、文字指導の系統性も子どもの発達段階も無視した乱暴なやり方となっている。そのため、現在の一、二年生は、仮名づかいの正しい使用法も覚えないうちから片仮名や漢字まで覚えなくてはならず、漢字のドリルやテストに明け暮れる毎日となっている。それも、ていねいに指導している時間はなく、中途半端な学習に終わるため、間違いが絶えないのが実情である。

子どもは、書き言葉の習得を通して、自分の話すことばの形式や内容を自覚するだけでなく、自分の思考活動をも意識化し、反省して、ものの見方、考え方を深めていくのだが、そのためには作文の指導が重要である。ところが学習指導要領では、「書くこと」の指導にあてられる時間が、以前より一、二割減らされることになった。書くことの苦手な子どもがいっそう増えることになるのではないか。

最後に、「読むこと」に関しては、「文学的な文章の詳細な読解に偏りがちであった指導のあり方を改め」ること、「段落分けの指導は、第三、四学年で、人物の気持ちの読み取りの指導は、第五、六学年で重点的に取り扱うようにする」（小学校）、「主題や要旨を読み取る指導は第一学年で」（中学校）重点的に取り扱うようにするなどということで、内容の精選を図ろうとしている。私は、かねてから「文学」の教育が、わが国の小・中・高校の学習指導要領のどこにも正式に位置づけられていないことに強い疑念を持ってきたが、このような改訂で、文学教育はますます学校から遠ざけられることになるだろう。

文学は、「人間と、人間の生活現象についての知識・理解をひろく深くもたせ、現実認識の力をやしなう」

(国分一太郎)上で重要な役割をはたすものであり、「文学作品の読み」の指導は、まさに「国語科固有の仕事」(大槻和夫)である。また、「段落分け」や「人物の気持ちの読み取り」などを特定の学年に振り分けて指導するというのも、あまり現実的ではなく、こんなことは教師の指導法に任せるべきだろう。

読み方の教育において指導する内容をより科学的なものにしようと、その方法・技術の定式化を試みたものとしては、教育科学研究会国語部会による文学作品の読み方三読指導法に関する理論が、戦後早くから提案されているし(奥田靖男・国分一太郎『国語教育の理論』一九六四年)、その後、文芸学者・西郷竹彦氏が「人物を軸として」文芸学上の基本概念(人物〈話者を含む〉・視点など)やその表現方法(人物の描き方、構想、虚構の方法など)を系統化したものもあるが、大西忠治氏が提案した「読み研方式」、すなわち文学作品の「構造よみ、形象(技法)よみ、主題よみ」なども実践的に一定の成果をあげているものとして注目すべきである。

なお、教師の教材解釈において特に注意する必要のあることは、人の言葉には、思いが隠されている場合が少なくないということである。たとえば「うれしい」という言葉ひとつとっても、辞書的意味(語義)のほかに、状況によって軽い意味、万感を込めた意味、うその意味など、さまざまに異なる「意味」で使われている。表現性豊かな文学作品の場合には、比喩・誇張・皮肉など、通常の言葉づかいとは違う「意味のずらし」がとりわけ多く巧みに使われている。

ヴィゴツキーは、このような言葉の「語義」と「意味」とを区別し、文学作品だけでなく、われわれの言葉には常にテキストの裏に「ポドテキスト」(内面的意味)が隠れて存在すること、そしてこの隠れた思想(下心)を読み取ることの必要性を力説している。読み方教育の上では、「行間を読む」とか表層読みに対して「深層読み」と言われてきたことに近いものだが、ポドテキストの読み取りは国語教育においてもっとも重要で不可欠な読み方の指導と言えよう。

2　「言語活動」の充実と「思考力・判断力・表現力」の育成
——これからの国語科教育をひらく『伝え合う言葉　中学国語』(教育出版)の九《ココノツ》の仕掛け

須貝千里（山梨大学）

はじめに——「言語活動」と「思考力・判断力・表現力」？

来年四月から、新しい学習指導要領に基づいて作成された中学校国語教科書が各学校現場で使用される。本誌編集部より依頼されて筆者が担当するのは『伝え合う言葉　中学国語』(教育出版)であるが、本稿はこの教科書が今日求められている「言語活動」の充実と「思考力・判断力・表現力」の育成にいかに応えているのかを提起する。

具体的な問題に入る前に、「言語活動」と「思考力・判断力・表現力」という二つの課題について、若干の解説をしておく。「言語活動」とは、野矢茂樹氏が本教科書の「自分の頭で考える？」で提起されていることであるが、頭の中で考えていることを頭の外に取り出すことである。このことは必然的に「表現」すること＝「言葉」で取り出すことをともなう。声にしたり、文字にしたり、図や表にしたり、体を動かしたり、そして話し合ったりなどである。したがって、「思考力・判断力・表現力」は一体のものとして課題にされなければならないのである。これは新しい学習指導要領の仕掛けである。

1　仕掛けの1「身につけたい言葉の力」

この教科書には次のようなイラストが各巻の冒頭部分に仕掛けられている(次頁参照)。表題は「身につけたい言葉の力」である。このイラストが提起していることはどのようなことなのだろうか。

三つの桜の花、「話す力・聞く力」「書く力」「読む力」は学習指導要領の三つの領域であり、「伝統文化と言語」は「伝統的な言語文化と国語の特質」という事項のことである。前者は「国語学力」の基本であり、後者は「国語学力」の基礎である。後者は桜の樹の根であり、前者は枝に咲く花である。この樹木のイメージは両者が循環し、成長していることを示している。「伝統的な言語文化と国語の特質」は三つの領域の中で学んでいく、ときに取り立てて学び、三つの領域の学習に生かしていく。こうした学習が「表現力」＝「言語活動」として取り組

まれることよって、「思考力・判断力」＝「感じる力　想像する力　考える力　伝え合う力」が育成されていく。これが四つ目の桜の花である。以上が「国語学力」の育成の領域ということになる。

　しかし、桜の樹は一本で咲いているのではない。さまざまな樹の生い茂っている森の中にある。それぞれの樹はそれぞれの国の言葉である。国語の樹の森は言語の森である。したがって、「国語学力」は「言語学力」をも同時に育てていく、前者を「言葉の力」の個別的側面、後者を普遍的側面と言ってもよい。こうした両面の育成によって、これからの時代に求められている「知識基盤社会」に対応していく「言葉の力」が育成されていくのである。「言語力」の太陽のもとに「国語の樹は育つ」。したがって、「国語学力」と「言語学力」、この二つが「身につけたい言葉の力」ということになる。象徴的に言うならば、「金魚にえさをあげる」という言い方に違和感を感じ、その理由を考えることができるなどは「国語学力」に属し、「文は主語と述語によって構成されている」は「日本語」のみの特性ではなく、そのことを学び、生かすことができるなどは「言語学力」に属して

いる。

このようにして、この教科書の提起はすべての教科で「言語活動を！」という新しい学習指導要領の理念と課題に応えている。すべての教科における「言語活動」はその教科固有の学力とともに「言語学力」を育成する。そのためには国語科では「国語学力」の育成とともに「言語学力」を育成していくことが求められているのである。

2　仕掛けの2「国語学習の進め方」

この教科書には各巻の冒頭部分に「国語学習の進め方」という表が仕掛けられている。「国語学習の進め方」は「スタート」「ホップ」「ステップ」「ジャンプ」となっており、それは「伝統文化と言語」に支えられ、「付録言葉のとびら」（補充教材／漢字／データベースコラム）の活用も求められている。

「スタート」は学習の「目標を確認する」ことである。「ホップ」は「これまで学習したことをもとにして学ぶ」ことである。この学習はこれまでに「習得」したことをもとにして「活用」する学習である。「ステップ」は「ここでの学習に取り組む」ことである。この学習は、必要に応じてここで「習得」すべきことと他の領域および一つの事項とが関連づけられて取り組まれる。「ジャンプ」は「これからの学習に生かす」ことである。学習を振り返り、「習得」したことを「活用」できるようにすることが求められている。こうした「国語学習の進め方」は「言語活動」とともに具体化されていき、「思考力・判断力・表現力」＝「探究力」を育成していくことになる。これが「確かな学力」となる。

ここで留意しておきたいのは、「習得」といえども、「言語活動」を通して学んでいくということである。

3　仕掛けの3「領域別編成」

この教科書の大きく目立った特徴は「領域別編成」になっていることである。これはこの教科書の基本的な仕掛けである。目次を見ると、このことは一目瞭然である。「読むこと」→「話すこと・聞くこと」→「書くこと」→「伝統文化と言語」→「付録」の順に教材が配列されている。ということは、教科書の目次を各校の国語科の年間指導計画としてそのまま流用することができない。

このことを構想することは各校・各地域に委ねられている。多様化している学校現場の実情に応じて、「創意工夫」が可能なようにつくられている。これは一人ひとりの教師に「思考力・判断力・表現力」が求められているということである。具体的には、「読むこと」の教材の「学習の手引き」には「話すこと・聞くこと」「書くこと」「伝統的な言語文化と国語の特質」の学習が必要に応じて取り込まれている。こうした学習のあり方を基にしながら、「話すこと・聞くこと」「書くこと」「伝統的な言語文化と国語の特質」欄の学習に取り組んでいくことになる。

4 仕掛けの4 「学習目標の三本柱」

この教科書の教材ごとの「学習目標」は三つの柱として仕掛けられている。「領域ごとの目標」「伝統的な言語文化と国語の特質の目標」「関心・意欲・態度（言語活動）の目標」の、三つである。

「領域ごとの目標」は各教材、一つに絞って提起されている。このことによって、学習の重点化が図られる。また、その順序は学習指導要領の指導事項の配列の順を踏まえている。「伝統的な言語文化と国語の特質の目標」は各領域の学習との関連を踏まえて、一つに絞って提起されている。ただし、新出漢字については教材ごとに学習ができるように教材化が図られている。「関心・意欲・態度の目標」は「言語活動」として提起されている。

このようにして、何を学ぶのかが明確にされることによって、「言葉の教育」としての「国語科教育」の内実が豊かなものにされている。このことは新しい学習指導要領の指導事項の「系統性」と「学習過程」の重視ということを踏まえているのである。

5 仕掛けの5 「読むこと」における新教材の発掘

この教科書では「読むこと」における教材の積極的な発掘がなされ、優れた文章、伝統的な言語文化を教材化する取り組みがなされている。これも大事な仕掛けである。主な新しい教材は次のようなものである。

○文学的文章

第一学年　『暗やみの向こう側』（今江祥智）

『トロッコ』（芥川龍之介）

第二学年　『タオル』（重松清）

第三学年　『つみきのいえ』（平田研也／加藤久仁生）
『みどり色の記憶』（あさのあつこ）
○説明的文章
第一学年　『花の形に秘められたふしぎ』（中村匡男）
『笑顔という魔法』（池谷裕二）
『自分の頭で考える？』（野矢茂樹）
第二学年　『言葉がつなぐ世界遺産』（橋本典明）
『アオスジアゲハとトカゲの卵』（福岡伸一）
『学ぶ力』（内田樹）
第三学年　『歴史は失われた過去か』（内山節）
『文化としての科学技術』（毛利衛）
『無言館の青春』（窪島誠一郎）
○伝記教材
第一学年　『銀のしずく降る降る』（藤本英夫）
第三学年　『無名の人』（司馬遼太郎）
○読書教材
第一学年　『蜘蛛の糸』（芥川龍之介）
第二学年　『坊っちゃん』（夏目漱石）
第三学年　『最後の一句』（森鷗外）

○伝統的な言語文化
第一学年　『落語「三方一両損」』（三遊亭円窓）
『月と古典文学』（無署名）
第二学年　『歌舞伎「外郎売り」』
『古典の中の擬声語・擬態語』（山口仲美）
第三学年　『狂言「しびり」』
『古典の歌、現代の歌』（佐佐木幸綱）

こうした新教材の発掘は、学習の起爆剤としても求められていることであり、「言語活動」の充実と「思考力・判断力・表現力」の育成のためには改訂ごとになされていかなければならないことである。なお、「話すこと・聞くこと」も「書くこと」の教材も全面的に新しい教材が開発されている。

6　仕掛けの6「教材のつくり方」

この教科書の「教材のつくり方」の特徴は次のようなことである。ここにも仕掛けがある。「読むこと」の教材を例にして見よう。

①各教材の提示に先立って、「学習目標」が提起され、

何を学ぶのかが、学習者に対して提起されている。
②各教材の後に、「学習目標」として「読むことの目標」「伝統的な言語文化と国語の特質の目標」「関心・意欲・態度（言語活動）の目標」が箇条書きで提示されている。
③その後に、「学習の手引き」（一頁）が提示されている。
④最後に、「ここが大事！」（一頁）があり、学んだことを振り返らせ、確認させる。これは「活用」への誘いである。

これは「国語学習の進め方」の具体化である。

宮沢賢治の『オツベルと象』（一年生）を例にするならば、①に「できごとを読む、構成や展開を読む　『オツベルと象』には「オツベル」「白象」「山の象」などが登場している。それらの登場人物の関係に注意し、できごとの展開、構成の仕方、表現の特徴について、自分なりの考えをまとめよう。」とあり、②に「◆語り手と登場人物の関係に注意して、構成や展開、表現の特徴を捉える。●音読をとおして、擬声語や擬態語の効果について考える。◇自分が見つけた疑問について考えたことを、根拠を明確にして文章にまとめる。」とある。◆は「読むこと」の学習目標である。●は「伝統的な言語文化と国語の特質」の学習目標である。◇は「関心・意欲・態度（言語活動）」の学習目標である。①は、『オツベルと象』に対応している「読むこと」の領域の指導事項とその解説である。これが『オツベルと象』という作品が教材として取り上げられている理由であり、学習することの中心課題である。このことを確認してから『オツベルと象』の学習は始まる。②は三つの学習目標の提示であり、学ぶべきことが的確に提起されている。生徒にも教師にもきちんと把握することが求められている。

こうした仕掛けは、この教科書が「学習指導要領」の提起している「学習過程」と「系統性」に基づいてつくられており、各教材における「基礎」「基本」の「習得」「活用」の学習と「思考力・判断力・表現力」の学習を具体化したものである。なお、「話すこと・聞くこと」も「書くこと」も同様な「教材のつくり方」をしている。

7　仕掛けの7「学習の手引き」「ここが大事」

この教科書における「教材のつくり方」の仕掛けはそ

れだけではない。

引き続き『オツベルと象』を例にするならば、さらに、③に「学習の手引き」、④に「ここが大事！」と続いていく。③は「確かめよう」と「考えよう」というように二つに分けられており、前者はいままで「習得」したことを生かした「活用」の学習であり、後者はここで「習得」することの学習である。④は「「場面の展開の特徴」を捉えて」であり、ここで「習得」したことを振り返り、自己評価し、これからの学習で「活用」していくことが提起されている。③の「学習の手引き」の記述の各文末に注目すると、「発表しよう」「話し合おう」「文章にまとめよう」などというように「言語活動」が提示されている。それだけでなく、必要に応じて、「話すこと・聞くこと」「書くこと」の教材へのリンクがなされている。

こうした仕掛けによって、各教材における「基礎」「基本」の「習得」「活用」の学習と「思考力・判断力・表現力」の学習が具体化されているのである。さらに同一の文種の学習を三回「反復」することができるようになっていることも見逃せない。

なお、「話すこと・聞くこと」の領域は「聞く」「話す」「話し合う」、「書くこと」の領域は指導事項を取り立てて指導する「文章名人」と「全過程」指導によって構成されているが、「教材のつくり方」は「読むこと」と同様の四つの原理に基づいている。

8　仕掛けの8「付録の活用」

この教科書には「付録　言葉のとびら」という仕掛けがある。内容は「補充教材集」「漢字」「データベースコラム」によって構成されている。これらは教科書本体の学習にあたって、必要に応じて活用されるものである。

例えば、一年生の教科書の「データベースコラム」の内容は次のようになっている。「十二支と月の呼び方」「故事成語と名句・名言」「メモの取り方」「国語辞典と漢和辞典」「ローマ字」「アイディアの出し方」「発表を工夫する」「話し合いの仕方」「原稿用紙の使い方と推敲」「さまざまな案内や報告」「情報を整理・分析しよう」などである。

どこでどのように活用するのかの意図的計画を教師が持っているかどうか、このことは「言葉の力」の育成にとって欠かすことができないのである。その「創意工夫」

は教師に委ねられている。こうしたこまごまとしたことも「言語活動」と「思考力・判断力・表現力」の育成にとって看過しえない要素となっている。

9　仕掛けの9「メディアと表現」教材、「読書」教材

この教科書には「メディアと表現」教材が配置されている。これも仕掛けである。それは「写真と言葉が生み出す世界」(一年生)、「物語を読み解く」(二年生)、「情報を編集するしかけ」(三年生)の三本である。これらは教科書で初めての課題解決型のメディア教材である。どれも発信者の意図を見抜くことを主眼にして教材化されており、いわゆる「PISA型読解力」や「全国学力・学習状況調査」の「国語B」が提起している課題に応えようとするものであり、「読解→解釈→熟考→評価→表現」の順にしっかりと学習できるようになっている。

また、この教科書には「読書」教材としての「図書紹介」が配置されている。一年生では、教材による紹介とデータベースコラム欄での紹介を合わせて五三冊、二年生では、教材による紹介とデータベースコラム欄での紹介を合わせて、五二冊、三年生では、教材による紹介とデータベースコラム欄での紹介を合わせて六七冊である。すべて表紙がカラー印刷で掲示されている。

両者ともに、国語科教育の今日的な課題の教材化である。これらを国語科教育の中にしっかりと位置づけていくことも、「言語活動」の充実と「思考力・判断力・表現力」の育成という課題にとって欠かせない。

最後に、こう言って、本稿を終わろう。

今日、求められている国語科教育が育てる「思考力・判断力・表現力」とは、言葉と向き合った時にあたりまえのこととして分かったつもりになるのでなく、そこに疑問を見出し、考える力を育てることである。目指しているのは、見えないことを見る力である。「言語活動」とはそのための学習の可視化にほかならない。こうしたことは、認識の自己中心性をいかに超えるのかという「公共性」をめぐる課題に、この教科書が「言葉の力」の育成によって応えようとしていることを示しているのである。

3　言語活動と思考展開表現

森山卓郎（京都教育大学）

1　はじめに

中教審の答申「言語活動の充実」（平成二〇年一月一七日）が指摘するように、言葉は、観察、報告、説明などの知的活動だけでなく、芸術表現や鑑賞、話し合いなど、コミュニケーションや感性・情緒の基盤ともなっている。そうした「言葉の力」をつける中核教科が国語科である。

逆に、そうした観点から考えてみると、国語科では観察、報告、説明、鑑賞、話し合いなど多様な言語活動の力を伸ばす必要がある。学習指導要領国語でも「言語活動例」が具体的に挙げられている。豊富な言語活動を取り入れることによって、子ども達が主体的に活動していく学習にすることができるし、学びを社会生活や様々な教科での学習に結びつけていくこともできる。「言語活動」はこれからの国語教育の最重要概念の一つと言える。

しかし、言語活動を国語の授業の中に位置づける場合、課題もある。ここでのキーワードの一つが思考力である。これには三つの側面からの検討が必要である。

第一に、言語活動は、最終的に「身に付いた力」として「活用」できるものでなければならない。そのためにはそれぞれの単元で「つけるべき力」を明確化しておく必要がある。また、これまでに身に付けた力も発揮できる必要がある。こうした狙いと基盤がしっかりしていない場合、「活動あって学習なし」と批判されるような事態になる可能性がある。とりわけ、つけるべき力として最も根源的なものは思考力である。しかし、思考力は根源的なものであるがゆえに、その「つけるべき力」としての明確化が難しい。

第二に、このことは、思考力の関わる活動の内容が複合的であるということにもつながる。例えば「事典を読んで調べ、その内容をまとめ直す」という活動をする場合、「課題意識を持つ、調べる、読む、課題意識に対応してまとめる、書く」という下位活動があり、それぞれに思考力が必要である。さらに続いて、「読む」「感想をまとめる」「話し合う」など交流においても様々な「活動を支える思考力」が必要である。この根幹にある思考力とは複合的なものでもある。

第三に、学びが主体的であることは、いわゆる「苦手」意識のある子ども達に対する支援が難しいということでもある。主体的ということは学習者自身の自発的な学びのあり方に左右される要素がそれだけ大きいということである。特に思考力は根源的なものであり、いかに伸ばしていくかには難しい側面がある。

このように、言語活動を支えるのは、根源的な思考力である。しかしこの部分の指導は極めて重要であるにもかかわらず、具体的に考えていくとなかなか難しい。

そこで、本稿では、言語活動を整理して「思考力」の重要性を位置づけた後、具体的に思考力を高める言語的方策を「思考展開表現」として提案してみたいと思う。

2　言語活動の分類と構造化

まず、言語活動の特性について分類し、「思考力」との関わりを整理しておきたい。言語活動には多様なものがあるからである。

国語科で行われる言語活動は、大きく考えれば、「活動経験」的なものと、「表現・制作」的なものとに分けることができる。

読書の読み広げや意見交流などでの活動の本体はプロセス自体にある。これを「活動経験型言語活動」と呼んでおく。この場合、何かを創り上げるというよりも、一つ一つの活動を深めていくことが重要になる。最終的なまとめのようなものがある場合もあるが、それが重要なのではない。評価も学習が進められていく過程の中で形成的になされていくことになるだろう。

一方、ペープサート作りや俳句作りなどの活動は何らかのプロダクト（できあがり）としての「表現・制作」が学習の一つの目標となる。もちろん、それを作っていくプロセスやそれをもとに交流するプロセスも重要であるが、それだけではなく、一定の「できあがり」が必要で、プロダクトがない限りそれをめぐる交流は成立しない。「評価」もプロダクトに関するものになる。このタイプの言語活動を「表現・制作型言語活動」と呼ぶことにしたい。

もちろん、多かれ少なかれ両者には連続性もある。しかし、一定のプロダクトがあるのかどうかという傾向の違いは重要だと思われる。例えば、朗読を楽しみ、交流をするだけであれば、解釈を反映し、表現としての思いを込めた朗読をするプロセス自体が重要である。これは活動経験型言語活動として位置づけられる。一方、同じ朗読でも朗読発表会として「できあがり」を問題にする場合には、表現・制作型言語活動と言うべきであろう。プロセスだけが問題になるのではないからである。プロセスも大切であるが、できあがりとしての朗読発表も評価のポイントの一つになり、そのできあがり具合について意見を交流させることもある。

さらに、「表現・制作型言語活動」は、「創作的言語活動」と「思考・認識的言語活動」に大別することができる。何かを「作る」あるいは「書く」と言っても、観察記録をまとめるのと、物語の続き話を創作するのとでは、特質とねらいに大きな違いがある。読み物で言えば前者は物語や韻文などの文学系の作品に対応し、後者は説明文にほぼ対応する。前者においてはむしろ想像の翼を広げるようなことも重要だが、後者においてはむしろ「どう考えを深めていくか」というような思考力に関することが課題となる。

ここでの分類では学習者がどのような「活動」をするかを問題にしている。例えば、「物語の紹介」などは、内容的には文学的内容に関するものであるが、言語活動としての特質は創作的なものではない。「紹介」としての活動の特質はむしろ「報告」的なものに相当するのであり、上記の分類で言えば、創作的言語活動ではなく、思考・認識的言語活動ということになる。文学的な要素をどう盛り込むかとか、紹介する場合の表現にどう工夫を加えるかとか、様々な連続性を考えると、単純に「思考・認識的活動」と言えない側面があるのはもちろんだが、完全な「創作」とは一定の質的な違いがある。

以上、あくまでも仮のものではあるが、まず言語活動を次のように分類した。

- 活動経験型言語活動（プロセス型）
- 表現・制作型言語活動（プロダクト型）
  - 創作的言語活動
  - 思考・認識的言語活動

これらのどの活動でも「思考力」は重要であるが、特に、「表現・制作型言語活動」の「思考・認識的言語活動」の質を高めるためには、思考を深めることが絶対的な条件となる。そこで、本稿では特にこのタイプの活動での思考力に焦点を当てる。論理的にどう議論（argumentation）を考えるかという、狭い意味での思考力が思考・認識の活動の成否の本質を決めるからである。

3 「思考展開表現」という考え方

では、そうした思考の方法について、どのような支援ができるのだろうか。ここで、思考を展開させる方法として、「思考展開表現」というささやかな言語からのアイデアを提案してみたい。

言うまでもなく、思考を深めるには、一定の「論理の方向づけ」が必要である。例えば、「人は死ぬ、ソクラテスは人である、従ってソクラテスは死ぬ」といった三段論法では、命題を重ねつつ「従って」という接続関係が思考のまとめとして重要である。また、属性を取り上げるという思考では、「その点、こっちはこう」といった属性に対応した関係付けの表現が重要である。ここで、「点」という「図形」が属性を対照する情報要素としてメタフォリカルに使われている例に注目してみたい。例えば「その点、」という形は「この旅館は宿泊費が高い、その点、あの旅館は安い」のように対照関係を表す。いわば性質に着目しつつ「しかし、一方で」のような意味で対照させるのである。付言ながら、「その点で」という形は、これに関わる帰結関係を後続させる。「この旅館は安い、その点で、修学旅行に向いている」というように、属性を取りあげ、そこから次の帰結が導き出される（森山、二〇〇〇）。こうした表現は、そのいずれも「属性を取りあげてどう考えるか」ということを具体的に示すガイドとなり得る表現である。

分類という思考の場合でも、「大別して」といった表現がその手がかりになる。ここでは、そうした思考を展開させるきっかけとなる表現を「思考展開表現」と呼ぶことにしたい。思考展開表現に注意することで、いわば考えを深める道筋を具体的に提示することができるのである。教師が学習者を支援する場合などに、このような思考展開表現を使って、考えを引き出すことも考えられるし、また、学習者自身が自らの考えを深めるためにこうした表現に留意することも考えられる。

思考展開表現はいわゆる接続詞も含むものだが、接続詞以外の表現も含む点でそれよりも広い。例えば「~という観点から考えると次のように分類できます」といった文相当のものも、大きくは思考展開表現として位置づける必要がある。また、逆に、接続詞のなかでも、例えば「ところで」などは「転換」をしてしまうので、「思考展開」を深める方向にはなかなかならない。その意味では、少なくとも典型的な思考展開表現には入れるべきではないだろう。

4　思考展開表現の具体例

以下、具体的に思考展開表現について紙幅の許す範囲で述べてみたい。因果関係、総括・一般化、例示、列叙、分類、比較対照、仮定などの思考操作、そして、思考と現実との関係を表すモーダルな表現に分けて述べていく。発達的観点も重要であるが、ここではまず特に学年を規定しないで、どういったものが考えられるかに絞っておきたい。組織化とカリキュラム化は今後の課題である。

まず、論理関係に関わるものから見ていきたい。特に重要なものとして、「因果関係」「理由関係」を表すものがある。例えば「だから、従って」のようなものであるが、いわば、この逆方向として、「なぜかと言えば」のように理由を後続させる表現も重要である。ある現象があった場合、その理由や背景を考えることは、まさに思考を深めることにつながる。

なお、本当の因果関係か見かけの「因果」関係かを点検することはクリティカルな思考のために特に留意したい点である。

論理関係として「仮定と帰結」ということも挙げたい。「もし~ならば」というように仮定をすることで、その論理を展開したり、自分なりに別のものを当てはめたりすることができるからである。「もし~でなければ」というように否定の仮定をすることも重要なことで、様々な「仮定」を展開させることにも慣れさせておきたい。

こうしたところから、思考展開表現として、様々な仮定と帰結に関わる表現類も挙げておきたい。

論理関係に関連して次に挙げたいのが、具体化と抽象化に関わる表現である。具体化に関わるものとしては「例えば」「具体的には」のようなものがある。抽象化に関わるものとしては「まとめると」「大きく言えば」のようなものがある。「このように」「以上から」のような思考を総括する表現も抽象化に関わると言える。ここでいう抽象化とは、一般化（generalization）ということに通じる。一般化に対応して、例外を導入する、「全部がそうかといえば、違うものもある」のような例外導入の表現も思考展開として重要である。

これらと連動するのが、列叙の表現である。これには「ほかにどんなものがあるかといえば」といった思考展開表現が対応する。その要素の提示では、「第一に、第二に」といったナンバリング、「まず、次に」「最初に、次に」のような順序だての表現が使われる。いうまでもなく、これらも、思考としての順序を与えることになる点で極めて重要である。そもそも理由を提示したり、具体例を挙げたりする場合、複数のものを提示することがよくある。ほかの思考操作に重ねて「箇条書き的整理」という思考展開はいろいろなところで重要になる。

逆接関係でも、「しかし」「けれども」のような関係だけでなく、ぜひ「ただし」のような「但し書き」的関係も大切にしたい。分類においての例外や説明や報告の留意事項を述べることになるからである。

さらに、思考過程を具体的に考える場合、比較や分類といったことも関連してくる。例えば、「比較」という思考を誘導・展開するのは、「これらの共通点は～」「違うところ（相違点）は～」などの表現や、「これに対して」「一方」「その点」などである。比較の視点を導入する「～という点から比べると」「比べるところは～」ということなども思考展開を支援する重要表現といえる。

分類に関する思考展開表現としては、「大別して」「分類すると」「～にはxつの種類がある」などがある。「仲間わけをしてみると」のような表現も使うことができる。分類では、共通性と差異性の両方が関わり、さらに階層構造的思考も必要になる。素朴な分類は幼児でもできているが、論理的な分類を意識的にしていくためには分類ということに留意した支援が至る所で必要になる。

比較にせよ分類にせよ、これらを効果的に「使おうとする」こと自体が比較の思考を深めることになると思われる。なお、これらの思考過程において、図示も有益であることは言うまでもない。

観察観点を導入するものとして、「色は～」「△△の部分の形は～」というようなものもある。見た様子でも、「上から見ると～」「近くで見ると～」のような観察の方向や距離などいろいろな取り上げ方も「分析」に有益である。

最後に付け加えたいのが、「予想通り」「おもしろいことに」「おどろいたことに」などの表現である。これは予想などの思考と現実との関係を表す。これらは話し手のとらえ方を表す表現（modality表現）となっている点で、どういった態度で述べるのかということがわかる重要な表現で文種によっては重要である。

ただし、こうした表現の使い方には注意が必要である。例えば観察記録文では生活作文的な要素をいれるべきではない。しかし、かといって、観察記録文において、観察者すなわち書き手はただ言葉でスケッチするだけではない。例えば「予想通りであったかどうか」などは観察でもあってよい観点である。報告する場合でも中立的報告だけでなく立場のある報告もある。そのような場合に、予想や立場を表示する表現はあってよい。逆に、「驚いたことは何かと言えば、～」「知ったことをまとめると～」のような思考展開表現は新たに獲得した知識や情報をまとめることにつながる。

以上、現時点で特に重要だと思われる思考展開表現をまとめてみた。思考展開表現に注意することで、どういったことを考えるのかの方向づけのヒントになる。ただ「考えなさい」というのではなく、「どう考えればいいのか」の参考として、こうした具体的な表現を意識しておくことには意味があると思われる。

なお、本稿での思考展開表現の選定には、教科書での説明文での論理関係や児童の作文例なども参考にしているが、発達段階に合わせた整理などはまだできていない。まだ包括的でもない。どのような関係が大切で、どう組織づけられるのかなどについても、さらに実証的な整理をしていきたいと考えている。

5 基礎言語操作能力としてのパラフレーズ

最後にもう一つ、思考展開表現を補う言語操作的なことにもふれておきたい。思考を展開していく場合、情報を結合させたり分離させたり短縮したりすることも必要になる。いわば基礎となる言語操作能力が必要なのである。その中で特に強調したいのが、「表現の置き換え」の力、すなわちパラフレーズ（paraphrase）力である。目的に応じて別の表現でどう言い換えるかという力がないと、具体的な言語活動が深く操作できない。文法的操作や語彙の理解などにもパラフレーズは関わる。

ところが、全国学力学習状況調査ではこの点に課題があることがわかっている。例えば、「今、私たちは全国大会出場に向けて練習していて、三年生にとって最大の目標です。」を二つの文に分けて書かせる課題では、正答率がわずか四三・三％である（二〇一〇年、中学校）。小学校でも、「ごんは、ひとりぼっちの小ぎつねで、しだのいっぱいしげった森の中に、あなをほってすんでいました」を二文に分ける課題での正答率がわずか五七・九％であった（二〇〇六年、小学校）。

自在に情報を編集できるような基礎体力をつけておくことも思考展開にとって必要なことである。

6　おわりに

ある授業で「何も思いつかん」となかば投げやりにしている子どもがいたことが胸に焼き付いている。単に「よく考えなさい」というだけでは、何の助言にもならない。活動型学習でのモデルの重要性はこれまでも認識されてはいるが、それ以前に、思考展開の一般的な道筋を意識化することも重要である。思考展開表現の組織化、指導法など、さらに具体的に考えていきたいと思う。

参考文献

森山卓郎「『点』考」『国語学』二〇一、二〇〇〇年、国語学会

森山卓郎・達富洋二『国語教育の新常識』二〇一〇年、明治図書

4　思考の「型」

藤森裕治（信州大学）

1　はじめに

本稿では、子どもたちの思考力・判断力・表現力を育成するための学習指導方法として、思考の「型」を教授することの有効性を主張する。「型」の教授というと、マニュアル化された没個性的な学習が想起され、具体的で必然性のある学びとは対立軸に位置すると批判されがちである。子どもたちの状況に応じ、自由でのびのびとした思考を啓発する素材や場こそ必要だという主張とは相容れないとみなされる。たしかに、すべての子どもに同じパターンの言語活動を教え込もうとすれば、個別の状況は捨象されてしまい、無数にあるはずの思考様式や表現形式をやせ細ったものにしかねない。教師にとっても、あるパターンを機械的に教授して事足れりとするのでは、授業が個別的で一回性の出来事であるという認識をくるわせ、自立した人間として子どもたちに対峙することの意味を希薄にしてしまう。「型」に傾倒することがこうした事態を招きかねないことは、当然ながら自覚しておく必要がある。

とはいえ、当面する課題に対して、問題の所在を見極めたり、考察に必要な事実を集めたり、事実に基づいて自分なりの見解を導いたり、事実や論理の妥当性を吟味したりする営みは、発達段階や個別の状況による軽重はあるにせよ、基本的に共通している。比喩的に言えば、地点AからBに移動する方法は多種多様だが、目的と条件に応じて移動手段を選択するプロセスは必ず必要とされるということだ。これを的確に実行できないと、一刻も早く移動する目的があるにもかかわらず、徒歩を選択するという誤謬が生じる。

本稿で取り上げようとする思考の「型」を右の比喩になぞらえると、可視化された移動手段の選択プロセスということになる。主体の思考・判断・表現が要求される課題の遂行にとって、個性差や状況にかかわらず必ず行わなければならない思考の営みを、具体的でシンプルな形に表した「型」である。

2　思考の「型」としてのバタフライ・マップ

本稿で提示しようとする思考の「型」とは、筆者が考案し、二〇〇七年に公開したバタフライ・マップ（以下B-マップ）である。蝶をかたどったマップに六種類の思考のタイプをあてはめ、付箋を使いながら課題追究や問題解決を図るように設計している（fig.1　参照）。

現在、B-マップはインターネット学習支援ソフト「スタディ・ノート」（シャープ製）にワーク・シートとして導入されている。また、平成十九年度東京都教育委員会「授業研究ネットワーク『まなび』（授業等改善推進部会　国語分科会）、平成二十年度日野市「教科を深めるICT活用」では、B-マップを採用した国語科授業が開発・実践されている。沖縄県中城村立中城小学校、長

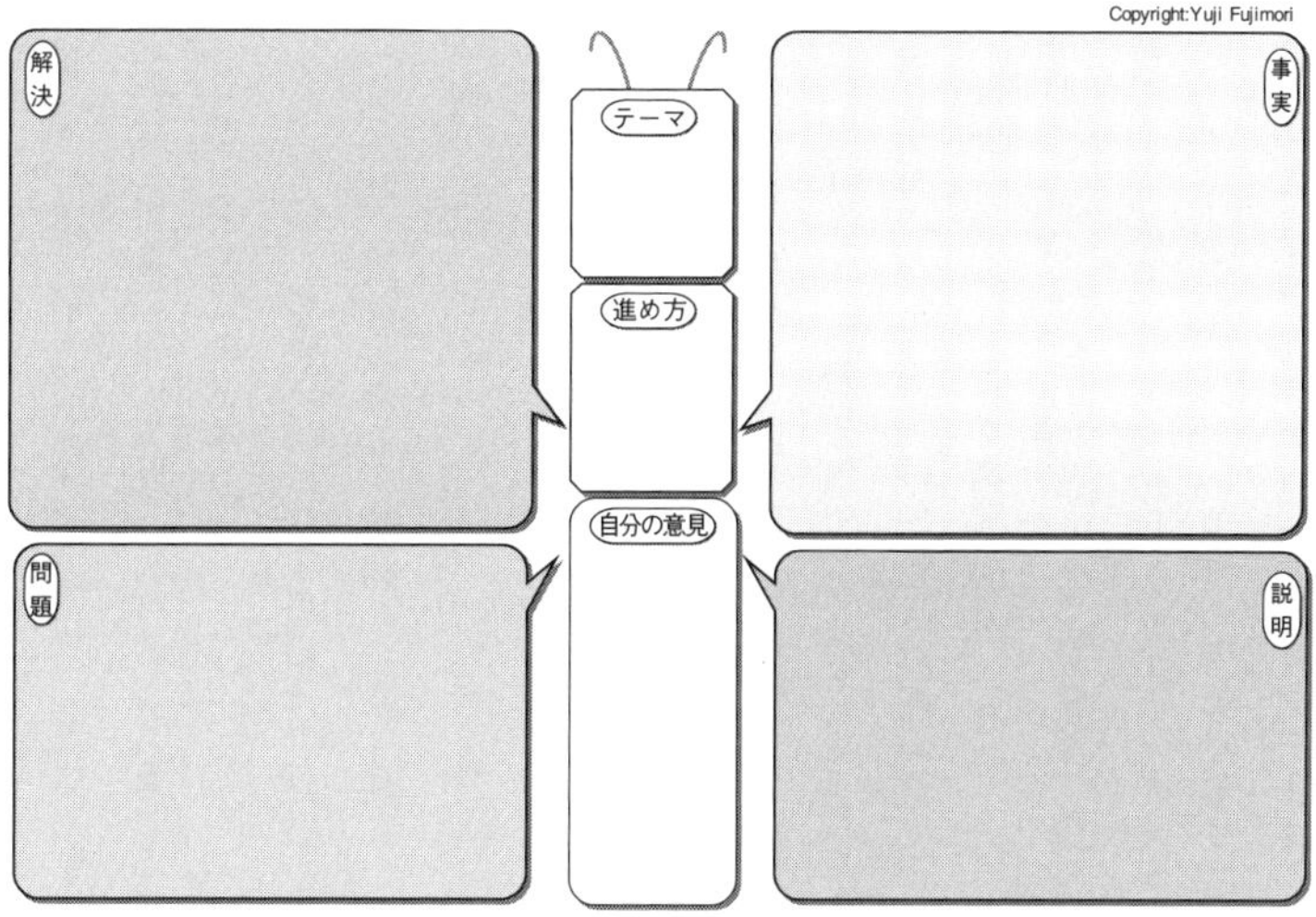

fig.1:B-マップ

野市立朝陽小学校等では、全教科にB-マップを取り入れたカリキュラム開発が行われている。

以下、B-マップの概要を示す。

(1) マップの構成

B-マップには次の六つの思考が組み込まれている。

【課題把握】何が課題となっているか。何を明らかにする必要があるか。そのためにどのような手続きが求められているかについて把握し、自分の思考プロセスをモニタリングする思考

【意見構築】課題について自分はどう考えるか、どう感じるか、どういう立場をとるのかを言語化して把握する思考

【事実認識】課題に関連する事例、データ、体験などを検索、収集、分類する思考

【論理説明】課題に対する自分の考えや感じ方がどの事実関係からどう導かれるのかを説明する思考

【問題検討】収集した事実や自分の考え、説明に見落としや矛盾はないかを吟味し省察する思考

【問題解決】問題点を解決するための新しい視点や事実関係を見出したり想像したりする思考

マップは、これらのうち【課題把握】を〔テーマ〕と〔進め方〕に細分し、【意見】とともに蝶の胴体部分に配置している。残る四つの思考は四枚の羽にそれぞれ区分し、羽ごとに該当する思考で得られた情報を書き込む。書き込みは、付箋に書いて貼り付ける形式をとる。

(2) 「型」としての活用方法

B-マップは、ある課題に対する自分の立場や見解を明確にしたり、論証したり、吟味したり、新しい視点や観点を想像したり、互いの意見を交流したりする場面で用いられる。学習者はまず、B-マップの中心部すなわち胴体部分に、当面するテーマと学習の進め方を書き入れる。【課題把握】の思考は、二つの要素が学習過程でぶれないように制御する思考である。この活動は個人差や状況に関係なく、全員が例外なく行うことになる。

残る五か所のパーツは、学習指導の組み立て方や学習者の思考スタイルに応じて扱い方が異なる。たとえば、一時間ごとに事実関係の把握から意見構築、論理説明へと進めていく場合は、学習段階にそってそれぞれのマップが示され、付箋を用いて一種類の思考が集中的に学ばれる。これに対し、自分の見解を論証するまでのプロセ

スがひとまとまりの活動として指示される場合には、【意見構築】、【事実認識】、【論理説明】に該当するマップが同時に示され、学習者はそれぞれに該当する情報を付箋に記しながら貼り付けていく。この作業を付箋によって行う理由は、取り上げた情報を移動可能な状態（切り貼りやグルーピングなど）にすることで、情報の選別や分類を容易にし、論理の強度を上げるためである。なお、どのようにすれば論理性が高くなるかについては、国語科教育実践としていくつかの方法論が存在する。これらのどれが適切かについては、実在の教室における個人差や状況などが顧慮されるべきであり、B-マップはそれらのいずれを採用すべきかまでは縛らない。

【問題検討】と【問題解決】は、右の過程で見出された意見や情報の妥当性や信頼性を吟味し、問題点の有無を検討し、よりよい解決策や視点・観点を得るための思考である。この過程は、ペアワークやグループ学習など、複数の学習者間で行ったほうが活性化する。ただしB-マップでは、その態様もまた一つに縛るものではない。

(3) 思考の「型」としての意義

主として五点指摘することができる。

①シンプルな形状であること

思考の「型」としてこれが最大の特長であり、意義である。胴体部分を中心軸に四つの思考を対称的に配置した形状は、羽を広げた蝶を連想させる（ゆえにバタフライ・マップと呼ぶ）。それぞれのパーツは何をするのかはっきりとしており、構造的に忘れにくい。シンプルであるという特長が、これを複雑な活動場面でも使いこなすことを可能にするのである。

②思考が視覚的に明示されること

自分がどのようなプロセスで論理構築に向かっているのかが可視化されるため、自らの思考をメタレベルで観察することができる。これに付箋を併せ用いることで、情報操作の過程がリアルタイムに把握できる。

③多様な思考様式に対応できること

課題に対する意見構築に向かう際、学習者には少なくとも二つの思考様式がある。一つは直観的に自分の立場や意見を決めてから事実関係の確認へと向かう様式であり、いま一つは事実関係を積み重ねてから自分の意見の形成を図る様式である。B-マップは、このどちらの様式でもアプローチが可能である。また、意見構築の最中に新たな事実関係に気づいたり、論理説明の過程で問題点に気づいたりしても、マップの該当箇所を移動することで、混乱することなく対処できる。

④情報の選択と加工が自在であること

付箋を用いることによるメリットである。マップ上に貼られた付箋は、基本的にそれぞれのパーツで作用する思考のタイプに従って貼り分けられ、必要に応じていつでも情報を追加したり削除したりすることができる。付箋をもとにして意見文作成や口頭発表に臨む際には、二次元配置された付箋を一列に並べ替える。思考から判断（すなわち情報の選択と加工）、そして表現への流れが、滞りなく展開し得るわけである。

⑤個別学習でも集団学習でも使えること

B-マップは、これを用いる際の学習者の人数を制限しない。個別学習はもとより、集団でも、パーツごとに役割分担をしたり、互いに付箋をもちよってブレーン・ストーミングをしたりすることが可能である。日野市の実践研究では、紙媒体のB-マップは個別学習用とし、集団学習ではパソコン画面に表示されるデジタルマップを用いていた。汎用性の高い思考の「型」は、特定の環境設定を要求しない。

3　新しい教科書教材への適応

B-マップにおける思考の「型」を新しい教科書教材に用いた場合、具体的にはどのような学習指導が構想できるだろうか。この問いに対し、これまでの説明をふまえれば、意見文の作成やテキスト解釈を巡る討論といった活動に高い適応性を有することが示唆されよう。

だが、本稿ではあえてそれらを素材にはせず、印象的にはかなりかけはなれた言語活動を取り上げたい。具体的には、新しい学習指導要領の大きな特色である「伝統的な言語文化」にかかわる活動のうち、文語調の短歌を創作する活動である。このような活動を素材とする理由は、合理的な論証を目指す論理的思考と、美的な発見を目指す感性的思考との間に、共通する思考の「型」が存在することを示唆するためである。

(1)　教材単元

光村図書出版発行の小学校国語教科書（平成二十三年度版）六年の新教材に、「短歌を作ろう」という単元がある。ここには江戸時代の歌人橘曙覧《たちばなのあけみ》が詠んだ短歌が、現代語訳を交えて紹介されている。

たのしみは妻子《めこ》むつまじくうちつどひ
　頭並べて物をくふ時
たのしみは昼寝目ざむる枕べに
　ことことと湯の煮えてある時
たのしみは朝おきいでて昨日まで
　無かりし花の咲ける見る時

これらの短歌を紹介した後に以下の解説文がある。

　毎日の暮らしの中で、あなたにも、こんなふうに、なんだか心が楽しくなるときや、わくわくするとき、ほっとするときなどがあるでしょう。そんなときを思い出し、「たのしみは」で始まり、「時」で結ぶ短歌を作ってみましょう。

創作を求める課題である。この課題を遂行するにあたり、教科書では次のような学習過程が示唆されている。

①歌にしたいことを決めよう。
　どんな「時」のことを歌にしたいですか。生活の中のさまざまな場面を思い起こし、あなたの「たのしみ」をさがしてみましょう。
・今朝、起きてからのこと　・この一週間のこと
・好きな季節のこと　・衣食住のこと
・趣味のこと　・家族や友だちのこと

この過程の後で「②短歌を作ろう。」になり、左記の手引きが示されている。

　歌にしたいことを決めたら、そのときの周りの様子（見えるもの、聞こえる音、ただようにおいなど）を、細かく思い起こしてみましょう。使う言葉と、その並べ方を工夫して、三十一音の中に、歌にしたいことをこめましょう。

　さらに、手引きは「③短歌を短冊に書こう。」となり、「作った短歌を短冊に書く」よう促している。そして、各自の短歌を読みあって、「友達はどんなことに『たのしみ』を感じているか、伝わってきましたか」と尋ねて、次のような作例が掲載されている。

たのしみはノートをかえた最初の日
　ちょっときれいな文字を書く時
たのしみは妹二人のままごとを
　聞かぬふりして本を読む時

いずれも文語調を踏まえつつ、日常生活で観察されたささやかな「たのしみ」が表現されている。

(2)　学習過程と思考の「型」

この教材単元では、次のような学習過程が明示的・暗示的に求められており、B-マップで取り上げる思考の「型」がほぼ全面的に相互作用するものになっている。

①【課題把握】橘曙覧の作例にならい、「たのしみは……時」の形式で短歌を自作し相互批評をすることが本単元の課題であると認識する。この課題を解明することが本単元のゴールであり、子どもたちにはこれらの条件に則った短歌を創作することが求められている。

②【事実認識】日常生活の中から「たのしみ」に該当する場面・行為・状況などを収集する。子どもによっては、直観的に最も適当な「たのしみ」を発見する者もいるだろうが、ほとんどの子どもは、さまざまな「たのしみ」を集める中から徐々に短歌にすべき「たのしみ」を見出していくはずである。

③【意見構築】収集した事実関係の中から、短歌として表現したい「たのしみ」を特定し、言語化する。これが本単元における内容的な基軸である。身の回りの素材を思い出しながら、「たのしみ」とはどのような状況や行為を指すのか内観することが求められている。

④【論理説明】自分が選んだ「たのしみ」の内実がより豊かに表現できるように、どんな状況や出来事、人間関係、思い出などが関係してくるのかを説明する。②～③の段階では、子どもたちの多くは「たのしみ」に該当する事柄を「ほめられる時」、「気分のいい時」、「給食の時」、「テレビゲームをする時」、「春」など、観念的あるいは断片的に記述するに留まるはずである。短歌として表現する活動のねらいは、日常生活を微視的に観察し、何気ない風景や誰もが経験している事象の中に埋め込まれた、ささやかな人生の「たのしみ」を、子どもたちの素直なまなざしで発掘させることにある。

⑤【問題検討】・【問題解決】「たのしみは……時」の短歌に収まるべき場面を抽出し、短歌形式に整える。④までの活動で、子どもたちはできるだけ多くの情報を集めるように促されてきた。ここでは、短歌として成立するための条件に照らし合わせ、自ら発見した「たのしみ」を最も象徴的・印象的に表現し得る出来事や場面を絞り込む。集めた情報の大半は捨てることになるが、それこそ思考の洗練に必要な過程であることを自覚させる契機である。

以上の学習過程が、短歌創作のユニットである。授業では、子どもたちが創作した短歌を紹介して相互批評をする活動がこの後に続くであろう。その際には、

①【課題把握】秀歌を選定することを自覚する。
②【事実認識】級友の作品を通覧する。
③【意見構築】最も心惹かれる作品を選ぶ。
④【論理説明】選んだ作品の推薦理由を説明する。
⑤【問題検討】他の作品を選んだ級友の意見を聞く。
⑥【問題解決】皆で合意できる作品を選定する。

といった活動が展開し、B-マップにおける思考の「型」が交流学習という場面で再度経験されることになる。

(3) 作品例

これまでに述べた学習過程に従って、B-マップを用いて創作活動を実践してみた。対象は大学生であるが、次のような作品が提出された。

たのしみは　晴れた休日　古本屋
　まだ見ぬ一冊探し出す時
たのしみは　好きな音楽聴きながら
　カボチャシチューをコトコト煮る時
たのしみは　たびの計画練るときの
　まだ知らぬ土地目に浮かぶ時

このような活動がもたらす最大の教育効果は、普段は凡庸にみえながら、実は鋭敏で繊細な感性をもって自らの「たのしみ」を歌い上げる子どもが現れた時である。この驚きに出会う時こそ、本単元の「たのしみ」と言えよう。

4 〈美〉の論理力

B-マップによる思考の「型」を提案するにあたり、筆者は「〈美〉の論理力」という概念を併せて提起している。優れた論理には情緒的・感性的な〈美〉が内在し、同様に美しく心地よい表現には合理的・理性的な論理が内在するという概念である。平たく言えば、優れた論理は美しいということだ。子どもたちの言語力を育てるために有効な思考の「型」は、この概念、いや信念で裏打ちされていなければならないと考えている。

なお、B-マップの詳細は左記文献を参照されたい。

藤森裕治『バタフライ・マップ法―文学で育てる〈美〉の論理力』第二版、二〇一一年、東洋館出版社

5　小学校新教科書を読む
――光村図書出版の国語科教科書を中心に

麻生　信子（授業塾）

1　教科書はおもしろい――継続教材を読む

私は小学校の国語科教科書の愛読者である。

現在小学校・中学校・高等学校の教師たちが指導案を書き上げる「授業塾」の代表をしているので、教師たちが使う教科書に目を通すのは当たり前のことであるが、在職中から小学校の教科書を読んできた。仕事や立場を抜きにしてもたいへんおもしろい。おもしろいだけではなく、国語科の教育に携わっているすべての教師にとって、教養は重要であると思っている。

かつて、「どうぶつの赤ちゃん」(1)（ますいみつこ）を読んで、野生の動物界の食う食われるという条件が誕生と成長を決めることを知った時、あたらしい世界に出会う喜びと増井光子氏の説明の的確さ、おもしろさに深い感動を覚えた。まさに、すぐれた説明文の典型である。

まず、題名「どうぶつの赤ちゃん」で題材を示し、書き出しで「どうぶつの赤ちゃんは、生まれたばかりのときは、どんな　ようすを　しているのでしょう。そして、どのようにして、大きく　なって　いくのでしょう。」と小一の児童に観点を述べ問いを出す。そして、問いの答えとして、まず肉食動物の代表であるライオンをあげ、その誕生と成長を述べる。ついで、草食動物の代表として、しまうまをあげ、その誕生と成長を対比させる。

この説明文は小学校一年生の子どもの発達の最近接領域を踏まえている。そして、大事なことは、大人である教師もまた、野生の動物、説明文のみごとな書き進め方を学ぶことができるのである。

以上のことで「どうぶつの赤ちゃん」は、すぐれた説明文の典型であることがお分かりいただけると思う。

小二の「たんぽぽのちえ」[2]（うえむらとしお）は題名が示すように擬人化されており、物語風の書き方でタンポポの種の保存の知恵（進化の一過程）をおもしろく分からせている。

一方、別の小二教科書の「たんぽぽ」[3]（ひらやまかずこ）は、科学的な書き進め方に徹し、たんぽぽという植物の栄養と種の保存を的確にわかりやすく説明している。

同じ東京書籍の小二「ビーバーの大工事」[4]（なかがわしろう）は、「たんぽぽのちえ」のような物語性のあるおもしろさをもつすぐれた説明文である。

つぎに、文芸教材について述べたい。

二年生教材「スイミー」[5]（レオ＝レオニ、たにかわしゅんたろう訳）を例に取ろう。スイミーは、仲間の〈赤い魚たち〉が大きな〈まぐろ〉に食われた後、悲しい気持ちで海を泳いでいるうちに、海には、美しく、おもしろいものがいっぱいいることを知る。いままで、絶えず見てきた光景であろうが、死ぬ思いをしたがゆえに気づいたのであろう。

岩陰にかくれている赤い魚たちに「みんなでてこいよ」と声をかけると、赤い魚たちは「だめだよ、大きな魚に食べられてしまうよ」と従わない。すると、スイミーは、自分の考えと赤い魚たちの考えをつき合わせ、大きな魚のふりをして、自分が目になることを提案する。ここに登場する人物たちは相手の言いなりにはならない。かといって、むやみに反対するわけでもない。対立する二つの考えをつきあわせて新しい考えを生み出す。そして、納得すれば行動に移していく。

「お手紙」[6]（アーノルド＝ローベル、みきたく訳）は二年生の子どもが興味を持つ平易な会話と叙事（物語ること）で成り立っている。平易な文章展開でかえるくんとがまくんの日常の対比的な生活と人物像が浮かびあがる。お手紙が来ないがま君の悲しみは、かえるくんの友情ある機転で、あたたかい豊かな世界にかわり、二人の友情が深まる。

「スイミー」にしろ「お手紙」にしろ、子どもたちの実態にふさわしい教材である。私は、かねがね「実体として存在するのは個であり、集団は関係である」という考え方を持っているが、スイミーと赤い魚たちの関係、かえるくんとがまくんの関係から、それが浮き彫りにされる。

また、小二「かさこじぞう」(7)(いわさききょうこ)も、「じさま」「ばさま」という呼称が、対等に相手を尊重する関係を如実に表している。状況の条件のきびしい中で、しあわせな正月を迎えることができる結末に、無理なく納得させられる表現効果をもっている。

このように、すぐれた小学校の教材は、子どもに深い認識内容をおもしろく納得させる表現方法がとられている。子どもに、学ばせる前に、教師自身が深く学んでいくことができる。

小六「やまなし」(8)(宮沢賢治)も深い認識とすぐれた表現方法を持つ教材である。その表現方法は、希有のものである。

書き出しは、「小さな谷川のそこを写した、二枚の青い幻灯です。」そして、「私の幻灯は、これでおしまいであります。」で終わる。「幻灯」とは、動かない空間芸術である。ところが、「一　五月」「二　十二月」に登場する人物と世界を見てみよう。

五月は、生命観あふれる季節であるが、かにの兄弟は二人の目の前で次々に展開する弱肉強食の世界におののく。非常に動きの激しい場面である。二の十二月もまた、五月とは違うが、兄弟があわの大きさを競い合うたわいない争いをしているうちに、やまなしが流れてくる豊かな世界である。ここにも静かな動きが読者の頭の中に展開する。

ところが一行あけて最後の行は、書き出しと呼応して〈私の幻灯は、これでおしまいであります。〉とあらためて動かない世界つまり幻灯に戻る。

最初の一文と最後の一文で、この作品は、動かない世界であることが強調される。ところが、読者は〈五月〉の世界と〈十二月〉の世界を、動きある世界として、読み味わうことができる。

この教材を、額縁構成ととらえるのは浅い。極端に言えば間違っている。〈幻灯〉という静止の空間芸術と文芸という時間芸術のみごとな構成で、読者は他の文芸では味わえない独特の宮沢賢治の世界に惹き込まれていく。

この教材が採用された時、難解すぎて、何をどう教えていいか分からないと現場では評判のよい教材ではなかったが、文芸作品が言葉の芸術であることを教えてくれる。光彩を放つ作品であるということが、だんだん分かり人気が出てきた。

以上に述べた教材は、長い間それぞれの教科書に載せられている。このほかにもすぐれた教材がどの教科書にも載せられ続けている。

すぐれた教材はこのほかにも、たくさんあるが、紙面の関係ですべてを紹介することができないのは残念である。ぜひとも、すぐれた教材は、何年たっても、載せ続けてほしい。なぜなら、毎年あたらしい子どもたちが読むからである。すぐれた教材との出会いは、子どもにとって幸せである。

「授業塾」の教師たちは、短歌・俳句の指導案を書くのに難渋していたが、一首ずつ一句ずつ分析・解釈と授業の構想つまり指導案を書き進めるうちに、短歌・俳句が、これほどおもしろいとは思わなかったと言う。短歌・俳句に、本気で取り組めば、教師は言葉の力を育てることができる。勉強しさえすれば、教師の言葉の力量を画期的に深めることになると私は確信している。

2　新教材を読む

「『鳥獣戯画』を読む」[9]（高畑勲）（小六）は、特異で新鮮な教材である。「鳥獣戯画」を描いた平安時代の画家も現代の書き手高畑勲氏も、絵が空間芸術であること、文芸が時間芸術であることを認識している人であると思う。

空間芸術である絵では、物語を紡ぐことはできないということをこの画家は知っていた。多くの人が絵から物語性を考える。その人は、作者の生まれた場所とか家庭とか友達・恋人関係など、彼の人生についての知識と結びつけて物語を作り上げているに過ぎない。

絵そのものから、客観的な物語をよみとることはできない。

そこで、「鳥獣戯画」の作者は、絵の持つ条件を踏まえて、絵巻物にして物語性を楽しみ、見る人にも楽しませたのであろう。

八五〇年前の日本の芸術家は、空間芸術と時間芸術の条件の違いを本能的に知っていたのであろう。

驚くほかはない。

空間芸術である絵の条件を踏まえて物語性を生み出すために、絵巻物を考え出したのであろう。八五〇年前の先人に尊敬の念を覚えるとともに筆者編集者に敬意を表したい。

　一方、小一教材「みいつけた」[10]では、認識内容の価値と表現の価値の何を学ぶのか私には分からない。まず、説明文という書き言葉の文章なのに、題名が「みいつけた」という話し言葉である。話し言葉のほうが、小一の子どもに、なじみやすいからであろうか。

　しかし、本文は書き言葉で述べられている。題名も書き言葉に徹したほうがよいと思う。

　本文は〈だんごむし〉〈せみ〉〈ばった〉の順に紹介されている。書き出しは〈わたしたちの　まわりには、ちいさな　いきものが　います。どう　したら、みつけることができるでしょう。〉という観点にしたがって書きすすめられている。

　すぐれた教材から、教師は自然界や社会の基礎基本の認識内容と分かりやすく面白い表現の方法を学ぶことができると思っている。

　「くちばし」[11]（小二）では、エサがどこにあるかという条件でくちばしの形が決まってくるという自然認識を学び取る。「どうぶつの赤ちゃん」（小一）では肉食動物か草食動物かという条件で、誕生の様子と成長の過程が違ってくることを学ぶことができる。だからこそ、小学校の教材の重要性を説いてきた。

　しかし、「みいつけた」では、いったい、認識内容と表現方法の何を学んだらいいのであろうか。困惑した。

3　復活した教材・復活させたい教材

　「茂吉のねこ」[12]（松谷みよ子）（小四）が教科書に載った時、強く惹かれた。好きな童話・すぐれた童話をあげよと言われれば、躊躇なく「茂吉のねこ」は、五本の指に入る。

　茂吉は酒飲みの鉄砲うち。鉄砲を撃たせたらたいした腕前で、茂吉の「も」の字を聞いただけで、獣たちは「すかんすかん」と逃げ出すほどだった。腕はあるがたいへんな酒飲みで一日山へ次の三日は酒を飲み、嫁さまの来てもない。そこで、かわいらしい三毛猫一匹を飼い、横において酒を飲み、話し相手にしていた。

　たいした腕の茂吉も、うさぎ一匹とれない日があった。おもしろくない。酒でも飲もう。酒屋に行って、酒一升を買おうとする。しかし、酒屋のおやじは、酒の勘定がたまっているので、払ってもらいたいと言う。それなら、どのくらいたまっているのかと茂吉は、帳面をめくってみるが納得できない。そこで、茂吉と酒屋のおやじとの間で、勘定をごまかす気かという茂吉に対し、酒屋のおやじも、確かに茂吉の勘定だと引き下がらない。飲んだ、いやのまねぇ、と言い合っているうちに、暗くなってくる。すると、その時、風が吹いたかと思うと、赤い半纏を着たかわいらしい童子が店先にちょこんと立っていた。その童子は、「酒一升おくれ。勘定は茂吉だ。」と酒を受け取って表へ出て行った。事情が分かった茂吉は、手にしていたきせるを、「この酒どろぼう」と童子めがけて投げつけた。童子は悲鳴を上げ酒樽を放り出して逃げ出した。「まて、いままでの酒かえせ。」童子は、笹藪を抜け、小川を飛びこし、鞠のように体を縮めて逃げていった。そのうちに、茂吉は、童子の姿を見失う。茂吉が気がついた時、一面の野原は風が吹いているだけであった。ところが、ふいに野原に赤い火青い火がつき始めた。茂吉は、この野原が化け物尽くしの野原だと気づく。目ん玉がひとつの化け物、のっぺらぼう、それらが踊っている。そのとき、一匹のねこが飛び込んできた。茂吉のねこである。化け物は、茂吉のねこに、早く酒をだせと命ずる。茂吉のねこは、酒は出せないと断る。そして、酒屋で茂吉に会ったこと、きせるを投げつけられてけがしたことを泣きそうになって話す。化け物たちは、茂吉に見つかったのか、きせるを投げられたのか、けがしたのかと問い、化け物の一人が、茂吉は、鉄砲などもってけしからんと言い、化け物という化け物が、殺すべしと、くりかえす。それを見ていた茂吉は、鉄砲を握り締めた。化け物は、茂吉のねこに命ずる。「茂吉のねこは、あすの朝、茂吉のぜんの上をぽんととべ。そのめしを食えば、茂吉は死ぬ。」いままで、化け物の命ずるままに茂吉のねこは酒をくすねてきた。さあ、茂吉のねこは、また、言われたとおりにするのだろうか。

「おら、やんだ。おら、茂吉が好きだもの。」これが茂吉のねこの答えだった。怒った化け物たちは立ち上がって化け物の面汚しだとののしり、茂吉のねこに「死ぬべし。死ぬべし。」とののしり首を絞めようとする。その時、茂吉の鉄砲が火を吹き、赤い火青い火が渦巻いたあと、しーんと真っ暗になってしまう。

そこへ、茂吉の小さな三毛ねこがすり寄って来た。茂吉は三毛ねこにこう言った。「こら、おまえみた、ちびっこねこが、一人前に、化け物のなかま入りすんでね。このばかたれ。」

茂吉は、ねこを叱り飛ばして、肩に乗せ、家へ帰る。次の朝、野原には、ふるみのや、にわとりのほねなど、村の人たちの捨てたものが、寄り合って化け物になっていたのだった。

茂吉のねこは化け物の言いつけで、茂吉の酒をくすねる悪いねこではあるが、愛情を注いだ茂吉を殺せといわれても、それには従わない。「おら、やんだ。おら、茂吉が好きだもの。」ここで、茂吉のねこの人物像が反転する。善悪で判断すればこのねこは悪いねこである。しかし、茂吉の長い長い時間の愛情に接してきたねこは、茂吉を殺せないという真実・美しさを失うことはなかった。

この場面で茂吉のねこは、個として自立したといえよう。自分で判断して拒絶した。化け物の言いなりにはならなかった。茂吉のねこにとって、化け物たちは、怖い存在だったにちがいない。だからこそ、自分をかわいがってくれた茂吉の酒をくすねることも毎日のようにしてきた。実体として存在するのは個であり、集団は関係である。集団は人間をあやまった行動、みにくい行動に走らせることがある。

ここでは「殺すべし」とくりかえし言われている。それに、茂吉のねこは「おら、やんだ。おら、茂吉が好きだもの。」と答えた。「おら、やんだ。」と拒否の言葉が先に来る。ここには、なんのためらいも見られない。これが逆だったらどうだろう。「おら、茂吉が好きだから、やんだ」では、まずいいわけをしているので、茂吉のねこの拒絶が弱くなる。

茂吉のねこは、多数の強者の命令に従い、日頃酒のちょろまかしという悪事をはたらいていた。そのねこが、長い間愛し続けた茂吉の真実の愛に応える。そこには美がある。

人間が強い仲間の言いなりになっている間は、個の自立はない。それを拒絶したときに個の自立がある。とはいえ、自立するには、長い時間だれとどんなつきあいをして生きてきたかにかかっている。私はこの教材を読んで以来、何度「おら、やんだ。おら、茂吉が好きだもの。」という言葉を反芻してきたことか。

一方、小六教材「カレーライス」(13)（重松清）は、少年の心理の微妙な機微が書き込まれている教材だと思うが、題名と書き出しを読んで、この物語の筋が大体見えてくる。お父さんに反発する少年がお母さんのとりなしやカレーライスという料理で心を通わせあう結末であろうと思って読んでいくと、そのとおりに進む。つまり、ヴィゴツキー（『思考と言語』柴田義松訳）の言うところのポド＝テキストがない教材である。私には、この教材の深い意味が読みとれなかった。

小六教材「エネルギー消費社会[14]」には、高木仁三郎氏が書いた文章がある。高木氏は、原発は安全であるという意見が体勢を占める中で、孤立しながらその危険性を訴え続けた科学者である。

私が高木氏にお会いしたのは、氏を講演会にお呼びしたときである。そして、それがきっかけで「エネルギー消費社会」を拝読することになった。

高木仁三郎氏は、書き出しで、空き缶一個をつくるのに、およそ二百ワット時の電力を必要とすること、二十ワットの蛍光灯を、十時間もつけておけるだけの電気量であると述べ、エネルギー消費社会の危険性を次のように指摘している。「原子力発電や火力発電の場合を見てみましょう。発生した熱のほぼ三分の一が電気になりますが、残り三分の二近くは、廃熱となって、ふつう、温められたはい水がどっと海に捨てられると、海の魚や海草などの生きる環境を破かいし、漁業にえいきょうをあたえます。」

二〇一一年三月一一日、東日本大震災で高木氏のことが蘇り、自分を恥じた。原発を動かしている人たち、学者、マスコミが安全だというので、おそらく安全なのだろうと思いこみ、あるいはなどと少しも思わなかった。ぜひ復活させてほしい。

すぐれた教材は、その時は十分分からなくても、子どもにはもちろん、教師にも、あたまの隅にかすかにでも残るのではないだろうか。今後も、できるだけ多くの出版社の多くの教科書を、読み続けていきたい。

注

（1）（2）（5）（8）（9）（10）（11）（12）（13）は、光村図書・小学校教科書、二〇一一年版に掲載の教材。

（3）（4）（7）は、東京書籍・小学校国語教科書、二〇一一年版に掲載の教材。

（6）は、右の光村図書、東京書籍、ともに掲載されている。

（14）は学校図書、二〇〇六年版に掲載の教材。

『帝国日本の言語編成』（安田敏朗 著）

渋谷　孝（前宮城教育大学）

国語教育と国語科教育とは同義語なのか、日本語教育と国語科教育とは同じことなのか。

安田敏朗氏の『帝国日本の言語編成』にめぐりあえたのは幸運であった。本書は、国語科教育の研究書ではない。私の懸案の問題に応えてくれるわけではない。

しかし「国語教育こそは人間教育の基本である」などと言ってはばからない各種国語教育研究会長などは「掃いて捨てる」ほど居る。人間教育ということに関わらない教科が他にあるのか。

日本語と国語との関係について、両者はどのような意味で呼称が違うのか。本書ほど、深く掘り下げた「論文」は読んだことはない。

旧大日本帝国内で、日本人に言葉を教えるのが国語教育であり、その当時の支那、満州、台湾をはじめ「大東亜」の国々の人々に日本語を教えるのが日本語教育であった。「東亜日本語」という言い方が、「学界」では行なわれていた。

しかし今思うとオランダ、スイスなどの国において、たまたまスイスに住んでおり、ある人がスイスの国籍を取っても、一家の中で、祖父母の母語はフランス語であり、両親のそれはドイツ語であるような場合、その子供の公用語は何か。どんな言葉が母語になるのだろうか。

わが国の国語という言い方には、国民精神というものと不可分の関係でしか考えられない人が多い。今の多くの人々は「そんなことはない」と思っているだろうが、法律は葬られても、身に染み付いた感覚は容易にはなくならない。本書は国語科教育の基本的問題を考察する場合、きわめて刺激的な一本である。

（世織書房、一九九七年、税込五二五〇円）

『プチ哲学』（佐藤雅彦 著）

町田守弘（早稲田大学）

新学習指導要領の「思考力・判断力・表現力」を考えるための一冊として、わたくしは佐藤雅彦氏の『プチ哲学』（マガジンハウス、二〇〇〇・六）を薦めたい。これは国語教育の専門的な研究書ではなく、一般書である。ただし、国語科の授業を構想する際に、多くの示唆を与えてくれることから、この機会にぜひ紹介したいと思う。

『プチ哲学』は見開き二ページで、一つのトピックが扱われている。そこには著者佐藤氏のイラストが描かれていて、そのトピックに関わる様々なメッセージを発信している。たとえば冒頭のトピックは「二匹の小魚」だが、そこには二種類のイラストが描かれ、その下に短い文によって簡単な説明（ナレーション）が付いている。

最初のイラストには、向き合う二匹の男女の小魚が描かれる。彼らは愛し合う恋人同士で、広い海の中で出会うことができたことを幸せに思っている。次のイラストは、同じ小魚の周囲を金魚鉢のような囲いで覆ったものである。捕らえられ狭い水槽に入れられても、いつも一緒にいられることから、二匹は相変わらず幸せを感じている。

このトピックから、作者は「『不変』ということ」というテーマを引き出して、「まわりに全く影響されない価値もあります」というメッセージを発信する。イラストとナレーションによって展開される「二匹の小魚」のエピソードを通して、「不変」について考えるという、まさに「プチ哲学」の本である。

このようなトピックが三十一編用意され、それぞれが興味深い内容になっていて、小学校から高校に至る広い校種の教室で扱うことができる。たとえばいま紹介した「二匹の小魚」では、イラストを紹介し、ナレーションの一部を空欄にして、相当する適切なことばを考える。それから、このエピソードがどのようなテーマを表現しているのかを話し合う。話し合いの後で、作者の「『不変』ということ」というテーマを紹介して、その意味するところを確認する。そして最後に、身近な場所からこのテーマに関わる具体例を探して、文章にまとめる。

このような言語活動を通して、「思考力・判断力・表現力」を育成することができる。国語科担当者は国語教育関係の専門書を読むだけでなく、広く教材開発および授業開発に関わる文献に目を通して、「楽しく、力のつく」授業創りを目指すようにしたい。

（マガジンハウス、二〇〇〇年〈後に中公文庫に収録＝中央公論新社、二〇〇四年、税込六八〇円〉）

V 新学習指導要領の「思考力・判断力・表現力」「言語活動」を考えるための読書案内──私が薦めるこの一冊

『コミュニケーション力を引き出す──演劇ワークショップのすすめ──』（平田オリザ・蓮行 著）

小川 雅子（山形大学）

思考力・判断力・表現力を総合的に顕在化させる身近な言語活動として、演劇的活動は、これからの国語科に積極的に取り入れたい学習活動である。

本書では、平田オリザ氏が、第一章「コミュニケーション力と演劇」、第五章「海外における演劇教育」を担当している。蓮行氏は、第二章から第四章にかけて企業におけるワークショップの事例を示し、第六章「あなたにもできる演劇ワークショップ」で、具体的な活動のポイントを説明している。終章「これからの演劇の役割」は、平田と蓮行の対談である。

「人は誰も潜在的にコミュニケーション能力を持っているが、例えば、時間が限られているとか、組織内の構造が強いとか、当事者たちがパニック状態にあるといった場合でも、きちんと相手の気持ちを慮って、自分の意志をうまく伝える力を発揮するための、場数を踏むチャンスが小学校から必要なのに、それが決定的に不足している。」というのが本書の問題意識である。

本書の演劇ワークショップは、役者を育てる演劇教室とは異なる。演劇的活動の体験を通して、言葉や動作、コミュニケーションなどに興味・関心を持って自分の生活に役立てることを意識させ、自ら自己吟味していく態度を育てることにある。

第二章から第四章までの企業におけるワークショップでは、参加者の反応を観察し分析しながら働きかけていく具体的な内容が、学習指導案における「予想される子どもの反応」・「指導上の留意点」に共通する観点と内容を示している。

ワークショップでは、いかに良いプレゼンをするかをめざすのではなく、「うまくいかないプレゼンで面白い劇を作ること」に取り組ませていく。これをそのまま学校で行うことはできないが、全員がリラックスして、各自の個性やアイディア・多様な能力を出しやすくなる工夫がさまざまに示されている。この観点は、外言主体の学習になりやすい国語科教育に対する重要な示唆である。

学習者の心情を十分考慮しながら、言語生活を豊かにするための発声・姿勢・コミュニケーションルールなどをゲーム感覚で身につけていくための具体的なアイディアも提示されている。教師の思考力・判断力・表現力も発揮されて、新鮮で充実した学習活動の実現が期待できる。

（PHP新書、二〇〇九年、税込七七七円）

『メタ認知——学習力を支える高次認知機能——』（三宮真智子 編）

鶴田清司（都留文科大学）

新学習指導要領では、基礎的な知識および技能を習得・活用するために、「思考力、判断力、表現力その他の能力」を育てることが重視されている。その中で私はメタ認知能力（自己をモニタリング・コントロールする力）が重要だと考えている。これによって、知識・技能のワンパターンな適用ではなく、目的・相手・状況に応じて柔軟に使いこなすことができる。

編著者の三宮真智子氏によれば、メタ認知能力は次のように整理できる。

○メタ認知的知識
・人間の認知特性についての知識
・課題についての知識
・方略についての知識
　宣言的知識（どのような方略か）
　手続き的知識（いかに使うか）
　条件的知識（いつ・なぜ使うか）

○メタ認知的活動
・メタ認知的モニタリング
・メタ認知的コントロール

メタ認知能力は、こうしたメタ認知的知識とメタ認知的活動の相互作用によって形成されると言われている。

例えば「三部構成で文章を書く」という知識・技能について考えてみよう。従来「はじめ‐なか‐おわり」という形式的な文章構成法として覚えるという学習になりがちだった。これでは生きて働く知識・技能にはならない。では、どうしたらよいだろうか。

まず、三部構成法の有効性を学習者に実感させることである。これによって三部構成法が「方略についての宣言的知識」（どのような方略か）として意識化・自覚化されていく。

次に、さまざまな機会に三部構成の文章を書くようにすることである。これによって「方略についての手続き的知識」（方略をいかに使うか）として意識化・自覚化されていく。その際、それがうまく行えているかモニタリングしたりコントロールしたりしながら自己調整・修正を行うようにする。

最後に、三部構成法を機械的に適用するのでなく、目的・相手・状況・内容を考えて適切に使い分けていくことを学ぶことである。いつでも三部構成で書くとしたら不自然である。それ以外の文章構成法も知っておく必要がある。こうして方略（書き方）についての「宣言的知識」「手続き的知識」の構造化を図るとともに、「条件的知識」（方略をいつ・なぜ使うのか）を身につけさせていくのである。

（北大路書房、二〇〇八年、税込三〇一五円）

『「レポート力」を鍛える』（大西道雄 著）

児玉　忠（弘前大学）

本著書は題名こそ「レポート力」と銘打っているが、いわゆる「レポート（報告）」に絞ってその学習指導の内容や方法を述べたものではない。

学習指導要領でいう「レポート（報告）」は「記録」「説明」「紹介」など表現ジャンル・表現活動の一つに過ぎないが、本書でいう「レポート力」は、次の6項目を基本原則とするという。

①レトリカル・コミュニケーションの原則／②ＰＩＳＡ型学力（マルチリテラシー）としてのレポートの活用、習熟化の原則／③インベンション（創構＝ここではレポートの内容作り）の原則／④一般意味論（論理的批判的思考・判断法）の原則／⑤論理的文脈を形成する叙述法の原則／⑥編集工学的構成の原則

これらをみると、この「レポート力」をたんに表現ジャンル・表現活動を生み出す力ではなく、現代的な教育課題を踏まえた高度で普遍的な能力として位置づけようとしていることがわかる。

これらの原則をもとに、指導過程に沿った具体化が図られることになるが、筆者は文章作成過程において一般に言う「取材→構成→記述→推敲→清書→処理」といった過程ではなく、「書く『場』の設定→インベンション（創構）過程→文章化（線条化構想・叙述）過程→活用過程」に改める方が実際的であるという見解をもっている。書くことの実際、学習活動の内側を捉えているからこそ見い出された過程である。そして、この考え方をベースに指導への具体化が図られている。

なかでも、レポートすべき内容を生み出すための「インベンション（創構）過程」に関する指導の具体化については、氏のこれまでの研究成果をふまえた多彩な方法が詳述されておりどれも授業に取り入れてみたくなる。

また、読み手を説得し、納得を得るための「レトリカル・コミュニケーション」として松岡正剛氏の『知の編集工学』（朝日新聞社、一九九六年）に多くを学びつつ、コンポジション理論や文章論との関連から国語教育への援用を図っているところも読み応えがある。

ともあれ、本書は、わが国の意見文指導や短作文指導の大先達である大西氏が、自らの豊かな研究成果をふまえつつ現代の国語教育の課題に果敢に取り組んだ意欲作である。氏の示す指導法や授業事例はどれも多彩かつ魅力的で、深い納得が得られ、明日への意欲が喚起される。

（明治図書、二〇一〇年、税込二五八二円）

V　新学習指導要領の「思考力・判断力・表現力」「言語活動」を考えるための読書案内――私が薦めるこの一冊

『発問上達法―授業つくり上達法ＰＡＲＴ２―』（大西忠治 著）

町田　雅弘（茗渓学園中学校・高等学校）

「うーん、授業って難しい……」一時間の授業を終えて、教室を出る時に、思わずため息をついてしまう教師は古今東西きっと多いはずである。「わかった！」「面白い！」という顔をさせたい。誠実な教師たちは、そのひと時のために日々頑張っていると言っても過言ではない。しかし現状は、言葉をつくしても通じているのやらいないのやら。教材研究はバッチリのはずなのに……。「ひょっとして、自分の伝え方が悪いのかな？」本書は、そんな疑問に真正面から答えてくれる。自分の指導言をブラッシュアップさせるためのヒントが満載である。若葉マークの教師新参者はもちろんのこと、「確か以前にこの本を読んだっけなぁ」という古参の方々も、ご自身の表現力を高めるために是非お手に取っていただきたい。

自分の授業を変えるためには何が有効か？一番有効な手段は、レコーダーやビデオで録音・録画することである。私もここぞという授業は録画し、自分でこっそりと見直す。そんな時、本書は自分の授業を分析するときのバイブルとなる。

まずは自分が〈発問・説明・指示〉を意識して話しているのかチェックする。この意識が弱いと、どうもグダグダな授業になることが多い。それぞれにはセオリーがあり、グダグダな授業になってしまうのには、きちんとした理由があるのだ。例えば……。

・ゆれる発問、大きな発問、動かない発問のどれがふさわしかったか？
・授業に「提示」は設けていたか？
・子どもの知っていることに結びつけた説明になっていたか？
・学ぶ方法を指示していたか？
・一指示一行動から徐々に発展させた指示の形になっていたか？

また、授業の良し悪しは、〈発問・説明・指示〉だけではなく、助言がどれほど用意できていたかにもよる。授業の構成をイメージするときに、「生徒の反応」を予想しなくてはならないからだ。発問に対して、答えられなかった場合や誤りを答えた場合まで予測し、助言を用意しておけたかどうか、チェックをしてみる。私たち教師も「授業の復習」は必要である。

（民衆社、一九九八年、税込一三一三円）

『本の読み方―スロー・リーディングの実践』（平野啓一郎 著）

深澤広明（広島大学）

近年、校内研をはじめとする授業研究のフィールドで、教師自身の教材研究や教材解釈をめぐって論議されることが少ないことに違和感や危機感を感じている。授業後の協議会では、もっぱら、子どもたちの発言の仕方について「結論先行」や「ナンバリング」といった「言語技術」の用語が飛び交い、授業のなかで子ども同士の「ペアトーク」や「話し合い」活動があったからよかったとか、ノートに「書く」活動があったほうがよかったとか、「言語活動」の形態についての論議が前面に出るばかりである。そうした「活動」をとおして読みがどう深まっているのか、書かせたことで一人ひとりの読みがどう広がっているのか、といった読みの「内容」面についての論議は後退し、協議会で活性化しないことが多い。

子どもの読みの「内容」面を論議するためには、教師自身が教材について幅広い研究やより深い解釈をもっていることが必要である。教師が教材をどのように解釈しているのかが語り合われないところで、子どもたちの言語活動のあり方を論議しても、子どもの学びが深まることはない。教師の豊かな解釈なくしては、子どもの発言を授業のなかで取り上げることさえできない。だから学習集団の原点として、「教材解釈の浅さが子どもを差別することになる」（吉本均）といわれてきた。

「教師の教材の解釈の高さに比例して子どもはよくなっていく」（斎藤喜博）のが授業である。何より「子どもと同じ世界にいたければ、自分が研究しつづけていなければなりません」と教師であることの資格を述べたのは大村はまである。

本書で提案されている「本の読み方」の具体的方法、「書き手の仕掛けや工夫を見落とさない」とあるのは「虚構の方法」（西郷竹彦）に、「違和感に注意する」は「読みの技術」（大西忠治）に、相通ずる教材解釈の方法でもある。また「対比に注目する」は、発問の類型としての「対比発問」のあり方を捉え直してくれる。国語関係者には「どれも知っていることばかりだった」（「あとがき」）ということになるかもしれない。しかし、「国語の授業というのは、一種のスロー・リーディングの時間である」という主張をふまえれば、教師が自分自身のこれまでの教材解釈の方法を「読み直す」（大江健三郎）機会となる好書として、続編『小説の読み方―感想が語れる着眼点』（二〇〇九年）と合わせ勧めたい。

（PHP新書、二〇〇六年、税込七五六円）

【編集委員紹介】

阿部　　昇（あべ　のぼる）

秋田大学教育文化学部教授。

科学的『読み』の授業研究会代表、日本教育方法学会常任理事、全国大学国語教育学会理事、日本 NIE 学会理事。

〈主要著書〉『文章吟味力を鍛える――教科書・メディア・総合の吟味』明治図書出版、『授業づくりのための「説明的文章教材」の徹底批判』明治図書出版、『徹底入門・力をつける「読み」の授業』学事出版、『頭がいい子の生活習慣―なぜ秋田の学力は全国トップなのか』ソフトバンク・クリエイティブ、他。

加藤　郁夫（かとう　いくお）

初芝立命館高等学校教諭。

科学的『読み』の授業研究会事務局長。

〈主要著書〉『教材研究の定説化「舞姫」の読み方指導』、『科学的な「読み」の授業入門』［共著］東洋館出版社、『日本語の力を鍛える「古典」の授業』明治図書出版、他。

柴田　義松（しばた　よしまつ）

東京大学名誉教授。

総合人間学会副会長、日本教育方法学会常任理事。

日本教育方法学会代表理事、日本カリキュラム学会代表理事などを歴任。

〈主要著書〉『21 世紀を拓く教授学』明治図書出版、『「読書算」はなぜ基礎学力か』明治図書出版、『学び方の基礎・基本と総合的学習』明治図書出版、『ヴィゴツキー入門』子どもの未来社、他。

丸山　義昭（まるやま　よしあき）

新潟県立長岡大手高等学校教諭。

科学的『読み』の授業研究会運営委員。

〈主要著書〉『教材研究の定説化「こころ」の読み方指導』明治図書出版、『科学的な「読み」の授業入門』［共著］東洋館出版社、他。

国語授業の改革11
新学習指導要領　新しい教科書の新しい教材を生かして
思考力・判断力・表現力を身につけさせる

2011年８月25日　第１版第１刷発行

科学的『読み』の授業研究会［編］
（編集代表：阿部昇／加藤郁夫／柴田義松／丸山義昭）

発行者　田　中　千津子
発行所　株式会社　学　文　社

〒153-0064　東京都目黒区下目黒３-６-１
電　話　03（3715）1501㈹
ＦＡＸ　03（3715）2012
振　替　00130-9-98842
http://www.gakubunsha.com

印刷所　メディカ・ピーシー

ISBN 978-4-7620-2210-4